广西高等学校人文社会科学重点研究基地　区域社会

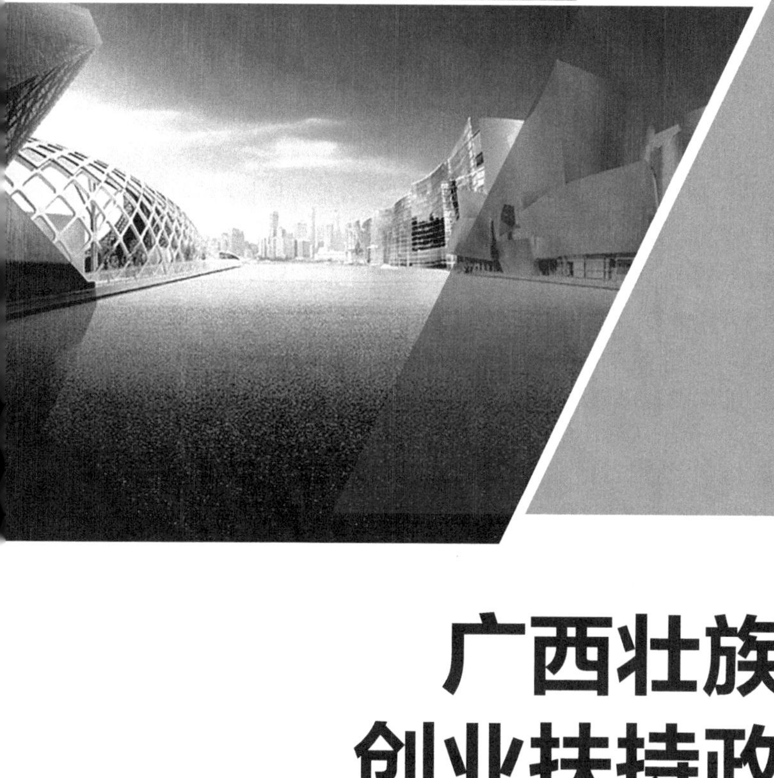

韦诸霞 ◎ 著

# 广西壮族自治区
# 创业扶持政策研究

图书在版编目（CIP）数据

广西壮族自治区创业扶持政策研究/韦诸霞著.—北京：知识产权出版社，2018.12
ISBN 978-7-5130-6039-4

Ⅰ.①广… Ⅱ.①韦… Ⅲ.①创业-政策支持-研究-广西 Ⅳ.①F249.276.7

中国版本图书馆CIP数据核字（2018）第298198号

内容提要

本书以创业理论和政策科学理论为逻辑起点，分析了创业扶持政策的基本范畴和特征，采用"全球创业观察"GEM标准调查问卷，进行了较大规模的调研。以调研为基础，系统分析了广西创业扶持政策的现状与存在的问题，借鉴国内相对发达的北京、温州、深圳等地的创业扶持模式和创业政策，对广西创业政策展开详细的探索，力求在创业政策机制、政策体系、创业文化教育、创业特色方向、融资模式、创业服务体系等方面有所创新，以期为广西创业扶持政策的完善和经济发展做出有益探索，为广大创业者提供政策参考，助推创业经济发展。

责任编辑：李小娟　　　　　　　　责任印制：孙婷婷

## 广西壮族自治区创业扶持政策研究
GUANGXI ZHUANGZU ZIZHIQU CHUANGYE FUCHI ZHENGCE YANJIU

韦诸霞　著

| 出版发行：知识产权出版社 有限责任公司 | 网　　址：http：//www.ipph.cn |
|---|---|
| 电　　话：010-82004826 | 　　　　　http：//www.laichushu.com |
| 社　　址：北京市海淀区气象路50号院 | 邮　　编：100081 |
| 责编电话：010-82000860转8531 | 责编邮箱：lixiaojuan@cnipr.com |
| 发行电话：010-82000860转8101 | 发行传真：010-82000893 |
| 印　　刷：北京建宏印刷有限公司 | 经　　销：各大网上书店、新华书店及相关专业书店 |
| 开　　本：720mm×1000mm　1/16 | 印　　张：10.25 |
| 版　　次：2018年12月第1版 | 印　　次：2018年12月第1次印刷 |
| 字　　数：153千字 | 定　　价：58.00元 |
| ISBN 978-7-5130-6039-4 | |

出版权专有　侵权必究
如有印装质量问题，本社负责调换。

# 前　言

本书以创业扶持政策的基本概念和范畴为逻辑起点，依托创业基本理论和政策科学的理论基础，分析了广西创业扶持政策的现状与存在的问题，借鉴国内相对发达的北京、温州、深圳等地的创业扶持模式和创业政策，对广西创业政策展开详细的探索，力求在创业政策机制、政策体系、创业文化教育、创业特色方向、融资模式、创业服务体系等方面有所创新，以期为广西创业扶持政策的完善和经济发展做出有益探索。

本书包括六章，具体内容如下。

第一章导论部分首先分析了创业政策的研究背景及研究意义，对创业及创业政策的国内外研究现状作了综述；然后介绍研究方法，引出本书的研究思路和整体分析框架；最后对本书涉及的创业、扶持政策等核心概念做出界定。

第二章从创业扶持政策的基本范畴出发，回溯了地方政府创业扶持政策的起源与变革，分析了创业政策与区域经济增长、政府职能的关系，并对创业扶持政策的理论分析框架作了介绍和阐释；创业扶持政策的理论分析部分，先从创业过程理论、竞争理论、风险理论等方面对创业基本规律作分析，而后从公共政策科学的角度探讨了如何将公共政策的基本原理应用到创业活动中，进而得出创业扶持政策的一般原则。

第三章是广西创业环境及创业扶持政策的现状分析，介绍了广西创业活动的概况，并按照GEM的通用问卷对广西创业环境进行实地调研，从纵向和横向两个层次回顾总结了自治区创业政策。

第四章是广西创业扶持政策存在的问题及原因剖析，分析了现有政策缺乏整合性，目标群体不全面、关注面不完整；政策制定简单照搬，缺乏主动性和创新性；政策执行力较弱等方面的问题。剖析了原因，包括：思想观念上对创业经济重视不够，服务意识不强；缺少创业扶持政策专门机构，相应考核机制还没有设立；政策设计与制定缺乏科学理论指导以及体制因素和创业环境的现实制约。

第五章是案例和借鉴研究部分。广西不管与国内还是国外相比，都属于后发展地区，对国内的北京、深圳、温州等地先进模式和创业扶持政策经验进行深刻的剖析，对广西创业扶持政策的完善具有非常强的借鉴意义。

第六章是本书的核心部分，希望通过创业政策机制、政策体系、创业文化、融资体系、广西创业引导方向、创业服务体系等多个方面，结合广西的实际，构建一套可行的、科学的、特色的政策扶持体系。

# 目 录 CONTENTS

第一章 导　论 ·················································································1
　　第一节　研究背景与研究意义 ·····················································1
　　第二节　国内外研究现状综述 ·····················································4
　　第三节　研究方法及思路 ··························································11
　　第四节　核心概念的界定 ··························································13
第二章　创业扶持政策的基本范畴与理论基础 ····································19
　　第一节　创业扶持政策的基本范畴 ············································19
　　第二节　创业的相关理论 ··························································26
　　第三节　基于政策科学的理论分析 ············································32
　　第四节　创业扶持政策制定与完善的一般原则 ···························37
第三章　广西创业环境及扶持政策的现状分析 ····································43
　　第一节　广西创业活动概况 ······················································43
　　第二节　广西创业环境的GEM模型调查 ···································46
　　第三节　广西创业扶持政策的回顾与现状 ··································62
第四章　广西创业扶持政策创新的基础与机遇 ····································77
第五章　国内典型地区创业扶持政策的启示 ·······································85
　　第一节　比较发达地区创业扶持政策 ·········································85
　　第二节　借鉴与启示 ·······························································103

## 第六章 广西创业扶持政策体系创新 ·········································· 109
### 第一节 创业政策长效机制的构建 ·········································· 110
### 第二节 打造全过程、全覆盖、系统化的创业扶持政策体系 ············ 113
### 第三节 创业文化培育政策 ···················································· 118
### 第四节 优化提升创业融资体系 ············································· 123
### 第五节 创业特色方向的政策引导 ·········································· 127
### 第六节 创业商务环境的改善与配套服务体系 ··························· 132

## 参考文献 ··················································································· 141
## 附录 广西壮族自治区创业环境调查问卷 ········································ 149
## 后　　记 ··················································································· 156

# 第一章 导 论

## 第一节 研究背景与研究意义

### 一、研究背景

创业是经济社会发展过程中极具活力的组成部分。创业在促进经济增长和扩大就业等方面的重要作用已被各国学界和政府所认可，也被近年来的社会发展实践所证实。随着我国经济社会的快速发展，创业活动活跃度提高，创业型经济逐渐成为发展区域经济、提升综合竞争力的重要方向。美国创业研究的著名专家帝蒙斯（Timmons）曾指出，人类社会正经历一场创业革命，这场革命的深远影响将与工业革命的功劳相媲美，甚至超过工业革命。美国、欧洲和东南亚后发展的国家纷纷将以鼓励创业、促进创新创业为代表的创业型经济提升至国家战略层面，成为政府制定政策的风向标，创业型经济正在越来越多的国家形成并发展。

党和政府高度重视创新创业，为促进创业做出众多重要决定，制定了多项配套政策。2017年10月，中国共产党第十九次全国代表大会（以下简称"中共十九大"）报告指出，"加快建设创新型国家""激发和保护企业家精神，鼓励更多社会主体投身创新创业"，要"提供全方位公共就业服务，促进高校毕业生等青年群体、农民工多渠道就业创业"[1]。早在2012年11月，中国共产党

---

[1] 习近平.决胜全面建成小康社会 夺取新时代中国特色社会主义伟大胜利[M].北京：人民出版社，2017.

第十八次全国代表大会（中共十八大）报告就鲜明地指出"引导劳动者转变就业观念，鼓励多渠道多形式就业，促进创业带动就业"。2015年6月11日，《国务院关于大力推进大众创业万众创新若干政策措施的意见》（国发〔2015〕32号），掀开了一股在全国各地鼓励创业的浪潮。这表明我国对于创业活动及其关联的就业工作高度重视，为我们在政策实践中强化扶持创业指出了发展目标和总体方向。

广西壮族自治区地处祖国南疆，首府南宁。南濒北部湾、面向东南亚，西南与越南毗邻，总面积23.76万平方公里，人口四千九百多万人，区内聚居着壮、汉、瑶、苗、侗等民族，壮族人口占三分之一，矿产资源、旅游资源丰富。广西是中国与东盟之间唯一既有陆地接壤又有海上通道的省区，是中国西南最便捷的出海通道，是华南通向西南的枢纽，是全国唯一的具有沿海、沿江、沿边优势的少数民族自治区。近年来，广西经济增长较快，2017年全区生产总值（GDP）20396.25亿元，按可比价格计算，比2016年增长7.3%；全区财政收入2604.21亿元，比2016年增长6.1%；全区社会消费品零售总额7813.03亿元，比2016年增长11.2%；全区居民人均可支配收入19905元，扣除价格因素，实际增长7.0%。广西的经济呈现出快速发展的阶段性特征，工业化进入中期，社会转型加快，区域经济发展面临新的机遇，正处于大发展大跨越的关键阶段。同时，也面临国内发展不平衡和国际竞争加剧的挑战和压力。如何利用国内外有利条件，坚持以供给侧结构性改革为主线，大力推进改革开放，加强和改善民生，促进经济社会持续健康发展，持续营造"三大生态"，加快实现"两个建成"，扎实推进富民兴桂，是广西发展的当务之急。

广西对于创业的支持和政策扶持也是近些年逐渐开始的。2009年3月，广西壮族自治区人民政府《关于做好我区促进就业工作的实施意见》（桂政发〔2009〕3号）出台；2010年6月，《广西壮族自治区促进全民创业若干政策意见》颁布实施；2017年9月，《广西壮族自治区人民政府关于做好当前和今后一段时期就业创业工作的通知》（桂政发〔2017〕48号）出台；2017年12月

15日,《广西壮族自治区人力资源和社会保障厅 财政厅关于印发〈自治区级创业孵化示范基地认定办法〉的通知》(桂人社发〔2017〕67号)出台。促进全民创新创业,优化就业工作得到了广西壮族自治区政府前所未有的高度重视。总体而言,广西的创业活动水平目前仍较低,通过完善创业扶持政策,促进创业活跃度和区域经济发展,具有非常重要的价值和意义。

## 二、研究意义

(一)现实意义

一是增进广西壮族自治区的就业。广西创业扶持政策的完善,最直接的作用莫过于解决当地的就业问题。当就业成为世界各国面临的共同问题之时,广西壮族自治区也难以幸免。工业基础落后、城市化率较低、居民受教育程度低、经济增长方式单一等诸多问题,都使得广西的就业问题难于东部、南部地区。我区的创业政策大多源自于增进就业的直接初衷。创业作为一种有效带动就业的方式,若能得到自治区政府有效的扶持,其带动就业的效应就会放大。广大创业者在八桂大地,利用自身特色建功立业,必定能形成一股强烈的自主创业风气,引导社会就业观念转变。

二是激发广西的创业活跃度和经济活力。自治区经济在全国范围内相对落后,在观念上依赖政府、依靠国家的思想较为普遍,国有经济也占有较大的市场比重。地方保护比较明显,民营经济活力不足。而政府积极引导创业,则是激发民间力量。事实证明,不少行业,如第三产业的蓬勃发展,必须依赖千千万万的创业者和民间组织的努力。同时,创业的领域不断深入和日益广泛,也会给国有企业和传统的经济体制带来危机感,形成一种竞争的态势,从长远看,必然会增强区域经济的活力。

三是促进广西经济持续健康科学发展。创业扶持政策的完善必将助推产业结构调整和生产方式的转换。一方面,自治区广大创业群体和企业依靠自身优势,充分挖掘市场潜力和机会,创造出新的业态和良性的发展途径;另一方面，公共政策的引导也会促使创业者向国有企业的空白地带前进，大量的"三产"甚至"四产"的发展，是自治区经济社会健康、科学发展的必由之路。

（二）理论意义

一是创新创业扶持政策的区域完善途径。我国东部和南部地区的经济发展模式，在理论上形成了广州模式、温州模式、苏州模式、长三角模式等一系列的理论性成果。广西壮族自治区经济基础薄弱，单纯依靠传统模式的照搬，结果必然是东施效颦，因此本书致力于探讨通过创业扶持政策引导自治区区域经济发展，在理论上具有较强的前瞻性和创新性。在政策完善的路径上，以广西作解剖分析，促进创业扶持政策从大而全、由上而下的模式向针对性强、特色发展的模式转变。

二是对我国西部治理政策和民族区域自治的新探索。几十年来，我国在西部地区一直采取帮扶为主的治理模式，"输血"大于"造血"，尽管在实践和理论上都提出了一些增强西部地区"造血"能力的办法，但效果都不很明显。创业扶持则是将政府治理和激发当地"造血"能力结合起来，因此在理论和实践上都是十分必要和可行的。同时，民族区域自治作为基本制度，也包含着西部民族地区追求经济发展，寻求特色发展模式的自治；通过将特色内容（譬如优于其他地区的优惠宽松政策、建立各种实验地区甚至突破传统框架的大步子）添加到创业扶持政策体系中去，实际上就是对区域自治内容的更深层次探讨，也是对我国特色社会主义理论的拓展。

# 第二节 国内外研究现状综述

## 一、国外研究现状分析

自18世纪末期以来，西方国家较多地推崇市场经济，注意激发创业对于经济的推动力。国外学术界在创业政策上的探索主要源自于微观视野下的创业活动促进。

（一）关于创业者和创业活动的基本理论研究

创业研究从20世纪80年代开始逐渐被人们所关注并重视。早期的创业理论研究侧重于考察创业家职能、个性心理与行为特征和社会文化背景。科斯（Coase）等主要关注创业者的主体方面。科耐特（Knight）认为，创业者是在复杂环境中决策并承担后果的人。埃米特（Amitetal）等则主要关注创业动因，他们认为创业者之所以能够实现创业，是基于市场机遇、个人能力、行业发展、价值追求等原因。

创业理论的基础系统分析者当属经济学家熊彼特（Schumpeter）。他认为创业者和创业过程的本质在于创新，将创业主体职能定位于各种生产和市场要素的重新组合。创业是实现创新的过程，创新是创业的核心所在和必经途径。从熊彼特的视角来看，创业者大部分借助一种新的技术或发明制造出一种新的商品，或者以不同于传统的方式制造商品，或者拓展新的市场，或者通过各种手段改进制造工艺、生产方式。

目前，在创业环境方面，学术界最为认同、最为著名的是由美国百森商学院和英国伦敦商学院于1998年发起的"全球创业观察"（Global Entrepreneurship Monitor，GEM）。GEM项目的宗旨是全面衡量和反映全球各个国家和地区的创业活动状况，探索各个国家的创业创新驱动能力，以及创业与区域经济发展的关系，进而为各国制定更好的创业政策提供参考。GEM对创业环境的研究包括9个方面，分别是金融支持、政府政策、政府项目、教育和培训、研究开发转移、商业环境和专业基础设施、国内市场开放程度、有形基础设施的可得性、文化及社会规范。该项研究得到了世界各国的普遍认可，我国于2002年也加入了该项研究，目前已经发布中国报告第15份。截至2017年，加盟GEM的国家数量大幅增长，现在已有超过100个来自不同经济发展水平和几乎所有地理区位的经济体加入其中，参加GEM的国家和地区代表了全世界70%~75%的人口，以及全世界大约90%的GDP。因此，GEM可谓当今世界上名副其实的、最权威和最全面的全球性创业研究。2018年11月16日，由二十国集团创业研究中心和启迪创新研究院联合完成的2017/2018全球创业观察中国报告发布会举行。全球创业观察已经成为国际上最为流行和通用、认可度最高的创业环境评测方法。

（二）关于创业政策及创业政策框架的研究

哈特（Hart）认为：创业政策的制定与执行是为了给创业者提供良好的环境和氛围，减少创业的风险和不确定性。德加特（Degadt）对创业政策的理解分为两个方面：定性方面，创业政策应该创造更好的环境，提供给新企业以较好的发展机会；定量方面，主要是激励多少人创办企业、新创立企业存活率如何。

伦德斯特罗姆根据十个国家和地区的经济、发展阶段、创业动态等因素总结出了四种类型创业政策，即中小企业方面的政策（关注融资、借款、培训等）、创业细分政策（即目标群体的政策，如妇女、青年、少数民族、失业者、土著居民等弱势群体）、新企业创建政策（减少进入和退出障碍，促进新企业的创建和成长）、整体创业政策（综合性政策体系）。史蒂文森提出了5个要素，它们是创业促进、融资、支持、环境及目标群体，构成了一个较为明晰的创业政策研究框架。

关于创业活动、政策引导与地区经济发展的关系研究，学术界普遍接受的观点是：创业扶持政策能够直接影响一个国家或地区的创业活动及水平，进而促进经济发展。布兰奇诺（Blanchnower）对瑞典的创业企业数量和税收之间的关系进行了细致探索，认为，企业税率降低后，创业者的数量快速增加。乔治（George）和Prabhu认为政府可以采用适当的方式促进创业，实际上是采取一定的融资、准入等方式介入市场资源的配置。Aes等的研究表明，政府政策只是提供一种环境，并不必然保证创业活动活跃，但是政策完善确是地区创业的前提条件之一。

布雷特（Gilbert），奥德雷斯（Audretsch）和麦克杜格尔（Mc Dougall）在

《The Emergence of Entrepreneurship Policy》一文中详细分析了当代创业公共政策产生的基础，对政府政策介入做出了深刻的分析，示意图如图1-1所示。

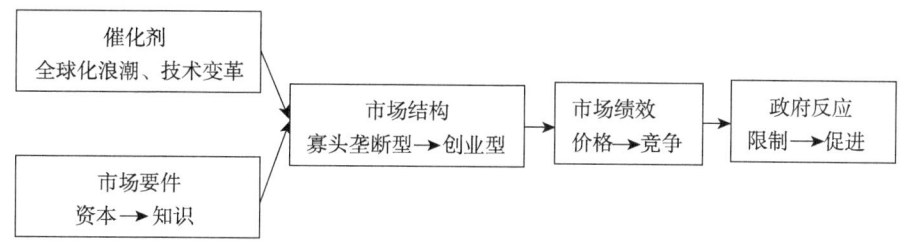

图1-1 创业公共政策的产生

在区域创新和发展方面，英国卡迪夫大学的库克（Philip Nicholas Cooke）教授对区域创新体系进行了较为全面的理论及实证研究。库克（Cook），布拉茨克（Braczyk）和海登里希（Heidemeich）在《区域创新体系：全球化背景下区域政府管理的作用》一书中提出，当在一个区域内形成了不同机构部门的频繁互动时，就可以认为形成了一个区域创新体系。这种区域创新体系对于促进该地区的经济发展有着重要的推动作用。

## 二、国内研究现状述评

自20世纪90年代以来，我国对创业的认识逐步深入。学术研究是和社会发展密切关联的。我国在那个时期出现了"下海"浪潮，人人经商，东部地区、南部省份民营经济异常活跃，更多的人群对创业产生了浓厚的兴趣，政府作为社会治理的主体之一对创业活动提供了不少优惠扶持政策，希望通过促进创业来带动本地经济发展。

在关于创业及其政府扶持政策的研究领域内，近二十年来成果也不断涌现，逐步成为一个学科。在政府的政策职能当中，创业也成为重要的部分。

目前，从研究成果的数量来看，以中国知网（CNKI）中文期刊数据库和博、硕士学位论文数据库为例进行检索，截至2018年12月，关键词设定为"创业+政策"复合搜索，相关的期刊文章和学位论文多达2132篇；以"创业+

扶持"为关键词复合检索，相关的期刊文章和学位论文达731篇；以"创业+政府"为关键词复合检索，相关的期刊文章和学位论文达837篇；以"创业+西部"进行复合检索，相关期刊文章和学位论文达237篇。

从相关领域的代表性研究成果来看，华中科技大学党蓁的《政府扶持型创业体系及政策研究》，王波的《各国和地区政府对创业投资扶持政策的研究》，高建和盖罗它的《国外创业政策的理论研究综述》，曲婉、冯海红的《创新创业政策对早期创业行为的作用机制研究》，姚梅芳的《基于经典创业模型的生存型创业理论研究》，杨静文的《我国创业理论及实证研究概述》，方世建和桂玲的《创业政策视角下创业和经济增长的关系》，王立志的《县域创业环境与县域经济发展的关系研究》，都较好地对创业及创业政策进行了分析和探索。同时，我们注意到，国内一些社科基金的资助项目也将关注点放在创业及政策研究领域，推动这个领域变得异常活跃，如国家社会科学基金资助项目"'大众创业、万众创新'背景下的创业测度与政策优化研究"（项目负责人吴翌琳，批准号17CTJ004），"多维视角下西部贫困地区返乡农民工旅游创业研究"（项目负责人白雪，批准号17CGL027）。

从研究关注的问题上看，不少学者从企业管理和经营的角度看待创业，有的学者从经济学当中的投资融资角度审视，有的学者从解决就业的途径视角来研究创业及其就业带动能力，还有些研究者则是从促进经济增长和活力方向来研究；从政府经济职能的公共政策视角来研究创业扶持政策的学者并不多。

在创业理论及创业环境研究方面，较早的有林强、姜彦福发表在《经济研究》上的《创业理论及其架构分析》，其关于创业理论的探索是国内非常具有影响力的。该文提出了创业理论的概念性结构，关注创新创业、风险创业等。大多数专家学者普遍认为，创业是一个发现机会、挖掘商机，并经过自身创新、管理风险，最终获得收益的过程。

关于创业带动就业方面的研究，山东大学的史兴用在《政府在促进以创业带动就业中的作用研究》中分析了创业在优化资源配置、推动经济增长、推动经济方式转变方面的作用，并就创业意识、创业准备、企业初创和成长阶段中的政府作用进行了详细探究；姚毓春的《创业型经济与就业问题研究》从创业型经济的原理开始分析，详细解读了中国创业型经济发展的环境和国外借鉴，解构了其带动就业的实现机理，并从数理上展开论证。

关于创业政策和政策框架方面的研究，王玉帅、黄娟、尹继东的《创业政策理论框架构建及其完善措施——创业过程的视角》，岑杰、刘绍涛、胡国庆的《创业政策系统化转型理论模型研究》，何云景、刘瑛、李哲的《创业政策与创业支持：基于系统优化的视角》都在创业政策的理论上探讨政策框架和优化途径；赵都敏、李剑力的《创业政策与创业活动关系研究述评》和隋广军、胡希的《创业政策研究评述》则是综述性研究；方世建、桂玲的《创业、创业政策和经济增长——影响途径和政策启示》厘清了创业政策促进创业活动，进而贡献于经济增长的完整的理论链条。《国外创业政策的理论研究综述》一文是国内对国外创业政策理论进行系统介绍的一篇影响力较大的文章，其作者为清华大学的高建、盖罗它，核心内容是创业政策框架，主要是围绕创业动机、技能、机会三方面设计和研究的。

关于借鉴国外创业政策方面的探索，赵剑玲的《日本中小企业创业政策研究及对我国的启示》，王波的《各国和地区政府对创业投资扶持政策的研究》，李志勇的《美国政府的创业激励及其对我国的启示》，以及傅晋华、郑风田、刘旭东的《国外创业政策的主要特征及对我国的启示》对国外创业扶持政策进行了翔实的研究；高建、盖罗它的《国外创业政策的理论研究综述》做出了详细的比较和归纳研究。

在创业扶持的具体方面上，杨娟的《创业教育服务体系构建研究》一文从微观（教学与学校层面）、中观（商业与社会层面）、宏观（政府层面）三个层次来探讨创业教育，主张建立各种教育平台，以形成创业教育公共服务体系。王明明的《大学生创业的政府作用机制研究》、郑春华的《鼓励大学生创业的政府和高校联动机制研究》等则从大学生这个特殊群体来研究创业扶持；刘珍英的《论农民工返乡创业中的政府引导》关注政府对农民工的创业引导。

关于创业投资方面,天津财经大学邢恩泉的博士学位论文《政府对创业投资的融资引导作用:一个经济学分析模型》,用经济学模型的研究方法证明了在创业初期,政府引导创业投资对创业企业而言是一种作用巨大的融资方式。所以,政府要根据现实状况,考虑经济学上的意义,主动选择多种手段和工具,促进社会资金科学、有效地扶持创业活动和企业发展;东南大学的李学红在《政府对创业投资基金的引导与监控模式探讨》中分析了国外政府支持创业投资的政策及模式,并分析了我国政府参与引导创业投资的发展历史及当期的各种政策措施;杨军在《中国创业风险投资发展与政府扶持研究》中认为,现阶段我国政府通过直接出资方式进行直接扶持过多,往往忽视了通过运用法律制度支持、中介机构支持、信息服务及人才培养等间接扶持方式为创业风险投资创造宽松、稳定的政策环境。

关于政府政策与创业绩效、经济增长的关系,多数学者持一致的观点,认为政府将创新方面的政策同扶持创业企业的政策相结合,方能有效地促进区域经济增长,增强竞争力。吴晓俊的《创业与中国经济增长关系研究》中将创业与我国的GDP增长等指标挂钩,分析了两者的因果关系,进而得出在政策上必须优化创业环境、整合创业资源、加强创业教育等。庞业涛、谢富纪的《创业驱动的区域创新体系模型及其运行机制研究》则在区域创新层面上肯定并探索了创业的必要性。

聚焦于西部和其他地区的创业研究,中央民族大学经济学博士褚萍在其《中国西部地区创业型经济发展研究》的学位论文当中,以经济学的视角,从创业型经济在中国的发展历程出发,分析了西部地区创业型经济的基本情况,也谈到了其发展的问题与障碍,进而提出了有益的探索和建议。该文中将美国硅谷、中关村创业型经济发展的经验和措施加以借鉴,当中包含着不少政府扶持创业的政策措施;该文对西部地区经济的特殊性和问题也做了深入的思考,难能可贵。卜田的《论政府在西藏民营企业科技创新中的作用》,龚秀敏的

《创业型经济下北京创业政策分析》，曾羽的《贵州大学生毕业创业与政府政策研究》，对西部一些省区的创业和民营经济发展做了深入的探讨。陆巍峰的《地方政府行为与浙江民营经济发展研究》，麻晓莉的《地方政府制度创新与民营经济发展》，郑毅的《河北大学生创业服务体系构建中的政府责任研究》，顾旭东的《吉林省全民创业体系政策体系构建研究》等对中部和东部地区的研究也为我们研究西部提供了良好的视角。

关于广西地区的研究，韦剑的《广西中小民营企业发展中政府规制改革研究》，叶培宝的《广西民营企业发展的政府行为研究》，龙思政的《国际金融危机下中小民营企业的需求特点与政府的政策选择——以广西为例》对中小企业的政策做了分析；唐婧妮的《广西高新技术企业创业税收政策研究》和其他一些新闻报道类文章关注了广西创业方面的政策支持。

## 第三节　研究方法及思路

### 一、研究方法

本研究在选题上，涉及学科较多、内容跨度也较大，既有广西壮族自治区经济社会发展的历史原因，又有地方政府公共政策的宏观性和不确定性因素制约，加之国内外复杂的经济形势和广西的民族自治区属性，研究广西的创业扶持政策着实不易。本书中的研究不是对公共政策的简单评价，更不是对个别创业企业和地区经验的梳理，而是站在广西壮族自治区科学跨越发展的角度，对促进创业相关的各种因素进行细致分析，期望能够总结学习、借鉴国内外学者研究成果，在密切关注广西创业活动及政策实践的基础上，通过横向、纵向比较分析，深入系统思考、探索，把握广西创业扶持的问题所在，进而提出更加切实地修正、完善现有创业政策的建议，为推动广西经济社会发展助力。

本书中的研究属于应用基础研究，内容涉及公共管理、创业学、政策分析、微观经济和区域经济以及民族学等多学科，主要采用以下研究方法。

（1）文献资料分析法。通过对前人研究成果的相关文献进行归纳、整理，分析创业及创业政策的基本原理规律，也对我国过去实行的创业扶持政策作一回顾。

（2）分析归纳法。从大量的政府政策文件和法律法规中梳理出广西在创业问题上的政策取向，并归纳出其存在的共性问题。

（3）案例研究法。通过对国内相对发达地区的案例研究，拓展视野，跳出广西看广西，以此达到对广西创业扶持政策体系的全面把握。

（4）系统分析法。通过创业理论和政策科学的深刻把握，对广西壮族自治区的创业扶持政策做到系统地分析，既看到创业文化、教育的问题，又看到融资和政策工具的科学选择，还看到创业服务的大环境。

（5）实证研究法。笔者身处广西，对广西的创业政策比较了解，以此为基础，进行实事求是的实证研究，可以在实践上丰富本书的研究。

## 二、研究思路

本书以前人的研究为基础，以创业扶持政策的基本概念和范畴为逻辑起点，依托创业基本理论和政策科学的理论基础，分析了广西创业扶持政策的现状与存在的问题，借鉴国内相对发达的北京、温州、深圳等地的创业扶持模式和创业政策，对广西创业政策展开详细的探索，力求在创业政策长效机制、全面的政策体系、创业文化培育、融资模式完善、创业特色方向及创业配套服务等方面有所创新，以期为广西创业扶持政策的完善和经济发展做出有益的探索。具体研究思路如图1-2所示。

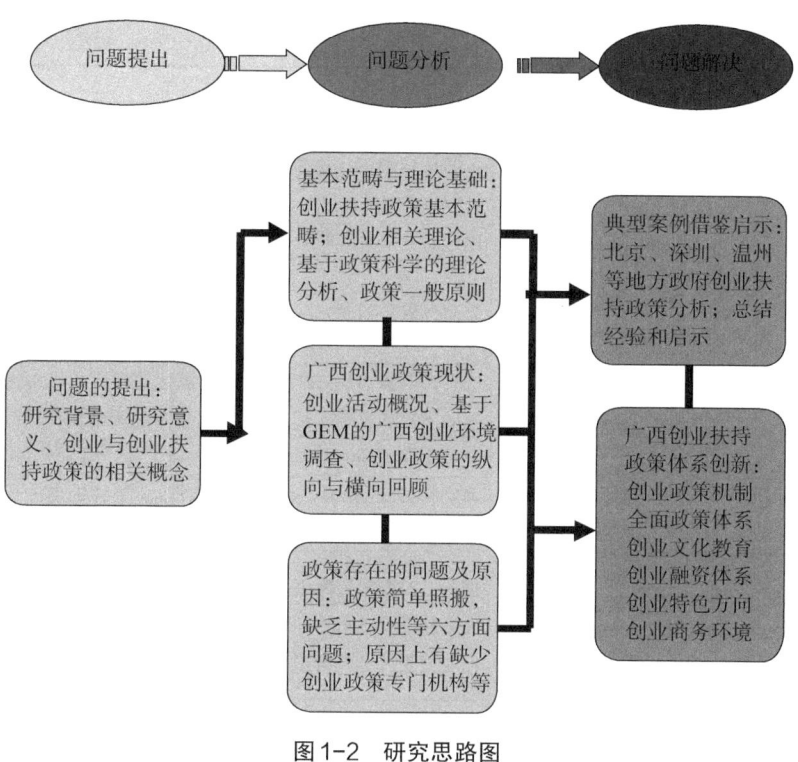

图1-2 研究思路图

## 第四节 核心概念的界定

### 一、创业

创业在英语中有着多种形式，entrepreneur 表示创业者或企业家。在学术研究领域当中，"创业"一词普遍采用"entrepreneurship"的表述。

国外对创业的研究大多基于不同学科、不同视角，因此对创业的定义也分为"机会"学派、"特质"学派、"风险"学派等，不同学者对于创业的定义如表1-1所示。

表1-1 国外学者对创业的定义比较[1]

| 定义关注点 | 学者或机构 | 定义或解释 |
| --- | --- | --- |
| 识别机会的能力 | Knight(1921) | 成功地预测未来的能力 |
| | Kirzner(1973) | 正确地预测下一个不完全市场和不均衡现象在何处发生的套利行为与能力 |
| | Leibenstein(1978) | 比你的竞争对手更明智、更努力地工作的能力 |
| | Stevenson, Roberts and Grousbeck(1995) | 是洞察机会和能力,而不是已控制的资源,驱动了创业 |
| | Conner(1991) | 按资源观点,从根本上来说,辨识合适投入的能力属于创业家的远见和直觉。但在目前,这种远见下的创造性行为却还没成为资源理论发展的重点 |
| 创业家个性与心理特质 | William Bygrave(1989) | 首创精神、想象力、灵活性、创造性、乐于理性思考和在变化中发现机会的能力 |
| 获取机会 | Stevenson, Roberts and Grousbeck(1994) | 根据已控制的资源去获取机会 |
| | Shane and Venkataraman(2000) | 创业就是发现和利用有利可图的机会 |
| | The U S National Commission on Entrepreneurship(2003) | 不断的变化会产业创造财富的新机会,(创业就是)经济(主体)利用这些新机会的方式 |
| 创建新组织与开展新业务的活动 | Schumpeter(1934) | 进行新的结合 |
| | Cole(1968) | 发起、维持和开展以利润为导向的有目的的业务活动 |
| | Vesper(1983) | 开展独立的新业务 |
| | Gartner(1985) | 建立新组织 |
| | The Academy of Management(1987) | 创办和管理新业务、小企业和家族企业,创业家特征和创业家的特殊问题 |
| | Low and MacMillan(1988) | 创办新企业 |

从表1-1中的定义比较可以看出,早期国外各个学者或机构对创业的理解不同,看法各异,对创业的定义也各成一派。创业机会、创业者特质、组织或

---

[1] LOW M B, MACMILLAN I C. Entrepreneurship: Past Research and Future Challenge [J]. Journal of management, 1988 (14): 139-161; 朱仁宏.创业研究前沿理论探讨——定义、概念框架与研究边界 [J].管理科学, 2004 (8): 70-77.

活动的视角都受到普遍的关注，但很难做出一个统一而明晰的界定。

我国学者在对创业定义的理解上也有着很多不一致的观点。无论是在教材、创业学科的专著，还是学术论文成果中，多数学者都将创立企业、把握商机、创造商业财富和经济社会价值作为创业的基本内容。

常见的观点学说有：一是机会价值说，认为创业的关键是把握机会，创造价值；二是财富中心说，认为创业的最终目标就是追求并获得财富；三是组织革新说，认为创业包含着流程再造、新组织诞生、资源的重新整合；四是关键要素说，又有二要素、三要素、四要素说。无论哪种，都认为创业需要对各种资源要素的组合。

尽管学术界对创业的本质有不同的阐述和理解，但从总体上来看，创业的内涵中一般都包含着开创新业务、创建新组织、创新资源的新组合、潜在机会发掘并创造价值、创业精神等元素。

本书认为，创业是创业主体（个人或群体）发现、利用或者创造各种市场机会，通过创建新组织或变革组织，充分整合人、财、物、信息、技术等多种资源要素，制造商品或提供服务，创造并实现价值的全部活动和过程。本书中关注的"创业"，更多的是这些活动和过程，而非创业学科和学术的定位，具有更强的实践性和应用性。

## 二、政策与创业扶持政策

（一）政策

对于政策的认识，无论是学术界还是社会领域，其观点和范畴并不十分统一。得到普遍认可的政策范畴大多源自于政策科学。

政策科学经历了漫长的历史演进才走向成熟。使政策科学成为一个独立完整的研究领域标志，是在拉纳和拉斯韦尔的贡献之后。如果以拉纳和拉斯韦尔主编的《政策科学：范围和方法的最近发展》的出版作为其诞生标志的话，则现代政策科学及政策分析已经有60多年的发展历史了。按照政策科学奠基人拉斯韦尔的理解，政策科学关注的是政策所需要的有关知识，即公共决策及其过程中的知识和技能。现代国家产生以后，公共事务增多，公共决策和政策活动增加，就需要有相应的研究程序和方法，产生公告政策相关知识。❶

西方学者对于政策的定义比较有代表性的有威尔逊、美籍加拿大学者戴维·伊斯顿、政策科学主要的倡导者和创立者哈罗德·拉斯韦尔、托马斯、詹姆斯等。❷但是由于西方学者的"政策"定义往往是从某一方面来论述的，因而不可避免地带有片面性的倾向。我国学者关于"政策"的定义一般较多强调党和政府的政策主体地位，对社会性团体重视不足；一般过多关注最终目标，而忽视了政策的制定和执行过程。

广泛接受的观点认为：政策是一个国家或地区的政党、政府和社会团体，在某一特定时期，为了实现或达成其政治、经济、文化以及社会目标，而通过一系列程序，施加于社会层面的政治行为或行为规范，具有一定程度的约束力。政策在实践中可以是法令、条例、办法等。政策的本质实际上是统治阶级的意志体现、是政党或政府实施公共管理的工具和手段，也是各种不同利益关系的调节阀。

(二）创业扶持政策

不管在学术领域内还是社会领域，人们更多接触到的词汇是"创业政策"。绝大部分创业政策和创业政策的绝大部分内容是扶持创业、刺激创业活动。本书使用创业扶持政策的说法和范畴，主要是区分于发达地区创业政策中有扶持也有规范限制部分的内容，同时更加突出广西壮族自治区目前阶段创业政策的历史使命和主要任务。在理论研究上，创业扶持政策和创业政策并无太大差异，本部分我们的分析与探讨对两者不做区分。

对于创业政策，简德利（Gentry）将税收政策、行业准入政策作为核心。沃利（Wolley）、罗特纳（Rotner）认为创业政策主要是政府提供给创业企业的

---

❶ 陈振明.政策科学——公共政策分析导论[M].北京：中国人民大学出版社，2003.
❷ 安德森.公共决策[M].北京：华夏出版社，2010：4.

培训、资金扶持、技术服务、基础设施完善等支持活动；史蒂文森（Stevenson）则认为创业政策主要是为激励人们创业、促进创业活动实施的种种措施。❶

不同学者对创业政策有各自的理解，但综合而言，有一些共同的观点和特征，譬如：激励创业者创业、打造更加良好的环境、促进创业活力和经济发展。因此，我们对于创业政策的理解是：为了激发创业者的积极性，采取的所有办法、举措、政策，降低企业的风险性因素，提供各种便利，实现促进创业活动和创业经济发展的目标。

影响创业政策的因素非常复杂，既包含着创业者群体的差异，又受特定地区经济社会发展阶段的制约，还有内外部竞争文化和市场的衡量，因此创业政策是一个涉及面广、影响较深，制定和实施较为不易的一类公共政策。

---

❶ 党荟.政府扶持型创业体系及政策研究[D].武汉：华中科技大学，2011.

# 第二章 创业扶持政策的基本范畴与理论基础

## 第一节 创业扶持政策的基本范畴

### 一、创业扶持政策的起源与变革

从世界范围来看，创业扶持政策起源甚早。早期的政府扶持创业大多鼓励的是工商业，与资本主义经济的发展密切相关。

早在十四五世纪，资本主义就在地中海沿岸的一些国家萌芽，商品经济开始发展并活跃。16~18世纪中期，资本主义迅速发展，伴随而来的殖民浪潮和资本原始积累完成，国际贸易开始成为世界范围内的常态存在。到19世纪中后期，世界主要资本主义国家先后完成了产业革命。在这个过程中，先后出现了西班牙、葡萄牙等第一批老牌资本主义国家和以英国为首的第二批工业大国、强国。这些资本主义国家在发展过程中一个非常相似的共同点，就是政府鼓励工商业发展，在一些特殊时期，政府直接出面为工商业发展开路。所以，不论在国内公共政策上还是国际利益追逐中，这些国家的政府对于创办工商业、鼓励其发展一直保持着极大的热情。后起的美国、日本以及东亚国家，为扶持工商业、高科技产业、现代服务业等发展，都出台了大量的政策。

各国政府对经济的干预从宏观而言，大多是在国家层面出台大量政策，以应对全球化和国际竞争。从进口替代到出口导向再到吸引投资，从关注大型企业到关注中小企业，政策制定者逐步认识到了本国（或本地区）中小企业的力量和基础地位，于是纷纷制定了不同力度的创业公共政策。至20世纪中后期，

## 广西壮族自治区创业扶持政策研究

不少发达国家出现经济危机和经济滞涨的趋势，为激发区域或国家经济活力，无论是老牌发达国家还是新兴的经济体，都颁布并实施了一批刺激新企业产生、增进创新、带动就业的政策，成为20世纪末期经济复兴的重要举措和影响因素。

就我国而言，长期的封建统治，政府一直实行重农抑商的政策。直到近代，民族工商业的发展才引起了政府的关注。19世纪末，中国社会政治动荡，民族危机日益加深，清政府为了维护其岌岌可危的统治，在经济、政治等方面开始了变革的尝试，实行扶植工商业的经济政策就是其中一个重要的举措。从19世纪末到20世纪前10年间，清政府制定了诸多奖励工商的政策，组织专门机构，对各行各业创办人、出资人以及技术发明者给予官衔、荣誉奖、证书以及爵位和特权等，从多方面奖励。晚清政府扶植工商业政策是一个极其复杂而又相对短暂的历史现象，它的积极作用在于推动了实业投资的热潮，提高了工商业者的社会地位，客观上促进了民族资本主义的形成和发展；同时由于清政府政权性质和决策过程的制约，它又有着难以逾越的局限性，不可避免地出现了各种矛盾和问题。国民政府成立后，众多国民经济命脉被蒋、宋、孔、陈四大家族所控制，民间工商业发展困难重重，推行的一些扶持工商业政策往往徒有虚名。

新中国成立后，我国借鉴苏联模式，实行了非常严格的计划经济体制。尤其是改革开放之前，由于意识形态领域的错误思潮，强调"一大二公"，抑制非公有经济的发展，甚至不断打压、控制、革除，使非公经济几近消失。相关数据显示，至1978年，国有经济和集体经济占全国国民生产总值的99%，非公经济成分仅占1%的份额。因此1978年以前，我国政府在创业领域少有公共政策的实践。

党的十一届三中全会以后，我国创业扶持政策开始起步。从对实践的回顾中可以看到，第一阶段（1978—1987年）[1]，首先对个体经济予以认可，当成

---

[1] 谭远发.机会型和生存型创业的影响因素及绩效比较研究[D].成都：西南财经大学，2010.

"社会主义经济的补充",这方面的一些政策给予了支持,但私营企业的创建仍被忽视。第二阶段(1987—1992年),私营经济开始受到关注,相关规范条例出台。第三阶段(1992—1997年),邓小平同志南方谈话之后,打破了姓"资"姓"社"的束缚。这一时期的政策更加重视和鼓励创建企业,《中华人民共和国公司法》的颁布实施成为典型标志。第四阶段(1997—2007年)[1],个体、私营等非公有制经济与公有制经济并驾齐驱,都成为社会主义市场经济的重要组成部分。中国共产党第十五次全国代表大会(以下简称"十五大")、中国共产党第十五次全国代表大会(以下简称"十六大")报告提出了"毫不动摇"的方针。2000年7月原国家经贸委《关于鼓励和促进中小企业发展的若干政策意见》出台;2007年8月通过的《中华人民共和国就业促进法》明确提出要以创业带动就业,鼓励自主创业。第五阶段(2008年至今),中国共产党第十七次全国代表大会(以下简称"十七大")指出要"以创业带动就业",十八大提出要"促进以创新引领创业、以创业带动就业""实现高质量就业""支持青年创业"。十九大提出"鼓励更多社会主体投身创新创业"。基于中央鼓励创业的风向标,各有关部委也陆续出台了支持和鼓励创业的政策,这些政策涵盖创业教育、创业资金、创业税收等方面,实实在在地为初创企业提供了优惠及扶持。近年来,各省区关于创业的公共政策不断多样化和个性化,成为提升区域竞争力的重要措施。

## 二、创业扶持政策与区域经济增长、政府职能的关系

(一)创业扶持政策与区域经济增长

从20世纪末开始,世界经合组织和欧盟等国际组织都开始关注和考察创业与区域经济发展的贡献。[2]国际国内发达地区的发展经验也在实践中不断证明,通过创业扶持政策,刺激创业活动活跃,能够有效带动区域经济增长,创

---

[1] 侯永雄,程圳生.我国近三十年来的创业政策回顾与展望[J].创新与创业教育,2015.
[2] 吴俊伶.上海创业公共政策研究[D].上海:上海交通大学,2010.

造更多就业机会，最终实现区域整体的发展。

从世界范围来看，经济增长的方式发生了很大变化，经济的增长越来越依靠不断创新的中小企业。在全球范围内，美国、欧洲及东南亚后发达国家纷纷将鼓励创新创业作为全球化时代增强本国国家实力与抢占市场的最佳手段，全球已经进入新技术、新产业发展的爆发时期，创业型经济正在越来越多的国家形成。

而国内沿海一些较为发达的东南部省区，如浙江、江苏、广东等地，抓住改革开放的机遇，结合实际情况，制定了一系列促进创业的政策，激发了经济活力，成为我国经济增长的重要带动力量。

西部地区也正面临着这个阶段，亟须相应政策措施出台。创业扶持是西部地区经济结构调整和跨越式发展的必由之路。不同的发展阶段，经济发展的动力是不同的。我国是一个统一的多民族大国，发展不平衡是当前及今后相当长一段时期的现实国情。东南部经济的发展并不能掩盖和弥补西部地区相对落后给我国整体经济造成的影响。中国自改革开放以来，在过去的40年中，每年GDP的平均增长高达9.5%以上，增长达33.5倍，经济总量已位居世界第二。但是，我们不能忽视，广大的西部地区经济增长乏力，增长主要靠资源型和投入型来拉动，这既不符合科学发展观的基本要求，也不利于长期、稳健、持续发展。中国未来的经济增长离不开广大的西部地区的崛起，西部地区的经济发展则要靠创业激发市场活力。只有西部的经济增长方式和经济结构调整完成，才能持续地扩大内需，真正地推动中国经济的发展。导致东部与西部形成差距的原因有很多，其中的一个重要原因是创新与科技发展的差距。缩小中西部地区与东部地区的差距，必须走一条创新与科技相结合的创业道路。

关于创业和区域经济发展的关系，国内外的研究与实践都表明，国家、区域或城市的经济发展和创业活动度之间存在紧密的正相关关系。换句话说，一个区域的创业活动在很大程度上是该区域经济活跃和繁荣的指向针。不过，应该注意的是，创业在不同地区推动经济的程度有着巨大的差异，其中的原因多种多样，包括社会现状、经济规模、历史、文化等因素，都可能造成创业环境的差异。

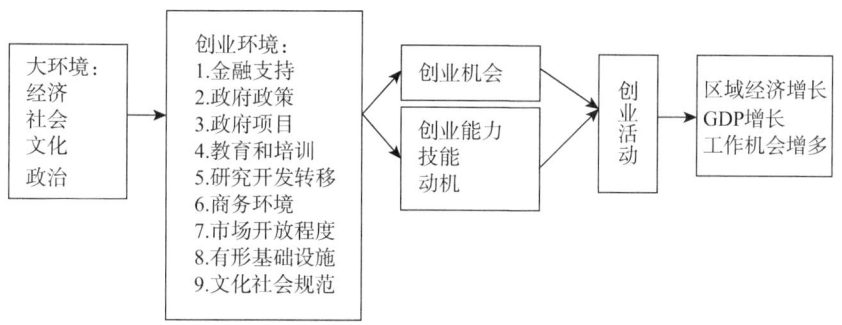

图2-1 基于GEM（Globe Entrepreneurship Monitor）的区域创业驱动概念模型[1]

（二）创业扶持政策与政府职能

首先，创业扶持政策承载着促进经济增长和充分就业的基本政府职能。其职能反映着公共行政的基本内容和活动方向，是公共行政的本质表现。现代政府的职能非常广泛，包括经济职能、社会职能、文化职能、外交职能、军事职能等。促进经济发展是现代政府职能的应有之义，也是我国"五位一体"总体格局中的重要部分。根据国际上一般的做法，充分就业是一国政府宏观经济调控的重要目标之一。事实上，我国自改革开放以来就较早地认识到创业对于就业的推动作用，我国创业公共政策的原始推动力也来自就业的需要。2008年国务院办公厅转发《关于促进以创业带动就业工作的指导意见》，成为我国创业政策涌现的重要起始点。2015年6月，《国务院关于大力推进大众创业万众创新若干政策措施的意见》（国发〔2015〕32号）将创业创新政策推向一个全新的高度。因此，我们可以看到创业政策实际上也肩负着促进就业、改善民生的重任。

其次，创业扶持政策实现政府对创业经济（市场经济）的调控。中国特色社会主义经济遵循市场经济的基本原则。创业经济本身属于一种典型的市场驱

---

[1] 姜彦福，高建，程源，等.全球创业观察·2003中国及全球报告.北京：清华大学出版社，2004.
全球创业观察（GEM）2017/2018中国报告[R].北京：清华大学.

动型经济，因此政府在引导和促进创业经济时必须利用创业政策来实现有效调控。市场经济的长处众所周知，但是其弱点也不容小觑，个人与社会在市场经济条件下要承担更大的风险，因此，要通过政府有效的创业扶持政策对市场加以调控，以弥除或消除市场经济的缺陷，政府在其中扮演了重要的角色。

最后，创业扶持政策是服务型政府的具体体现之一。从2003年开始，我国政府就提出了服务型政府的概念。从中央到地方，都开始了公共服务型政府的改革和创建工作。就创业经济的相关工作而言，创业扶持政策恰是政府体现其服务职能的手段，例如创业所需要的教育培训平台、信息网络、孵化基地等均具有公共产品的属性，只有政府政策大显身手，而非管制与设限，才能切实服务创业者和社会。

### 三、创业扶持政策的主要分析框架

创业本身是一个复杂的体系，涉及方方面面的因素，为了便于研究和分析，学者们提出了不少分析框架，以此来梳理、归整影响有效创业政策的各种因素。

对创业政策框架的研究一直以来是众多国家研究的重点，被大家公认且现在加以实践运用的有以下三种：第一是欧盟的《创业绿皮书》，本观点将创业分为三个层面（包括个人、社会、企业）；第二是伦德斯特罗姆和史蒂文森将重点放在政府政策方面的观点；第三是兰德斯乔姆提出的将创业成功的原因归结为创业动机、创业技能及创业机会三方面的共同作用。当然，我国许多学者也提出了很多针对中国实际情况的创业政策框架。

(一) 欧盟《创业绿皮书》的三层面框架

欧盟《创业绿皮书》中将创业政策理论框架划分为三个层面（图2-2）：个人层面、企业层面和社会层面。其中，个人层面的政策目标是促进更多人加入创业的队伍中，政策措施包括降低门槛、减少风险和发展教育；企业层面主要是促进初创企业的成长，政策措施包括改善环境、调整税收、信息和资金扶持等；社会层面主要是政府运用政策干预的方式加强与创业有关的地方基础设施配套建设、法律法规的完善以及对民众的创业意识教育与宣传等。

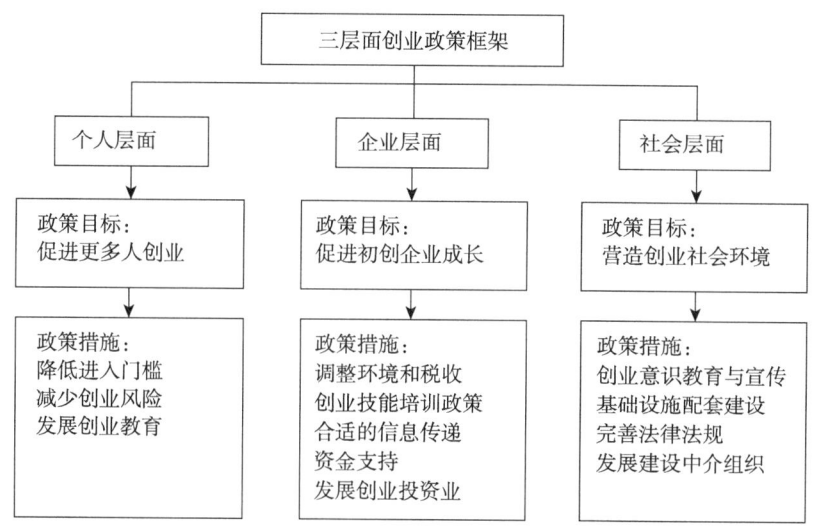

图2-2 欧盟《创业绿皮书》的三层面创业政策框架

（二）伦德斯特罗姆和史蒂文森关于创业的政策框架

伦德斯特罗姆（Lundstrom）和Stevenson将拥有不同的人口数量、GDP、人口增长和创业活跃程度的10个国家进行对比研究（6个欧盟国家和4个亚太国家），将创业动机、创业技能、创业机会三要素进行组合，建立起创业政策框架。这一观点将创业政策分为三个层次：首先，将个体的创业行为动机强弱考虑进来；其次，政府帮助创业者获取相关技能与信息；最后，政府应该激发更多的人参与到创业活动中，着手改善各种与创业相关的硬件设施和软件配备。这一创业理论体系由六个方面的内容构成：①创业促进；②创业教育，在教育体系当中增加创业意识和知识技能训练；③创业启动环境；④创业融资支持；⑤创业服务支持；⑥对于特定目标群体的战略。[1]基本内容参见图2-3。

---

[1] 吴俊伶.上海创业公共政策研究[D].上海：上海交通大学，2010.

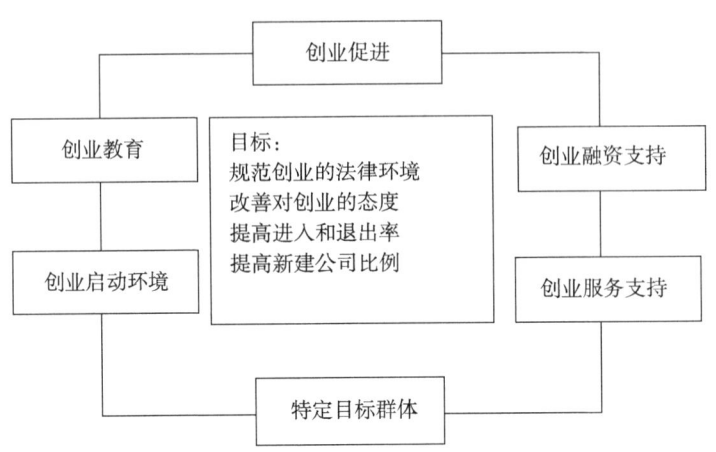

图2-3 伦德斯特罗姆创业政策理论框架[1]

（三）我国学者的创业政策框架

借鉴国外的经验，我国一些学者也提出了一些较好的创业政策框架，例如，华中科技大学的党蓁在其《政府扶持型创业体系及政策研究》中提出了四个维度的创业政策体系，即财政支持政策、技术支持政策、信贷支持政策和环境支持政策。[2]王玉帅提出了三阶段创业政策框架，是按照创业三个过程分析具体措施的。方世建提出了六个分类的创业政策框架。

# 第二节 创业的相关理论

## 一、创业机会理论

学者站在不同的角度对创业机会进行了定义。Schumpeter认为，将各种生产资料根据市场的需求进行重组，创造出供应需求价值的可能性。卡森（Casson）对创业机会的定义是"将新产品、服务、原材料和管理应用或者出售以获得高于其成本的情况"。Timmnons认为所谓创业机会是可以为购买者或

---

[1] UNDSTROM A, STEVENSON L. Entrepreneurship policy: theory and practice[M]. New York: Springer Science and Business Media, Inc, 2005: 61.

[2] 党蓁.政府扶持型创业体系及政策研究[D].武汉：华中科技大学，2011.

者使用者创造或者增加使用价值的产品或服务，且具有吸引力、持久性和适时性。

创业机会就其本身而言，具有自然和社会双重属性。自然属性是指机会本身的特性，社会属性是指特定环境中机会的识别难易程度等。从本质上说，创业机会是一种商业机会，但它同时具有吸引力、持久性与适时性等特点，创业者通过自身能力可以判断机会成功与否的可能性，所以应该看到，创业机会是创业者能否成功创业的关键因素之一，有学者提出研究创业就应该将创业机会作为核心问题。

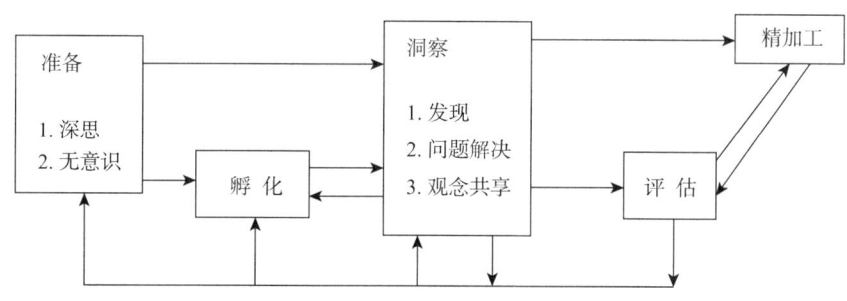

**图 2-4　创业机会的研究模型**

一次完整的创业行为过程包括创业机会、创业意愿、创业技能、创业环境之间的良好配合。在这一过程中，创业意愿的强烈促使创业者对环境中的机会感知度增加，而创业环境的变化又会造成创业机会的变迁，同时创业机会增多刺激创业意愿，整个创业技能的有效性与其他环节紧密联系。例如，20世纪后期信息科技高速发展，引发了高科技人才创业热潮。

总之，经过仔细认真挖掘的创业机会，需要加上一定的创业能力以及强烈的创业动机，几个因素相互配合才能提高创业活动成功的可能性。❶

## 二、创业过程理论

创业是一个过程，从这个角度来研究创业，是基于企业的生命周期理论。

---

❶ 刘新民，钱洁莹，范柳.基于文本分析的我国创业政策结构与特征研究[J].山东科技大学学报（社会科学版），2018，20（03）：84-91.

这个理论产生于20世纪中期，20世纪末伊查克·爱迪思在他的《企业生命周期》一书中指出：企业的发展壮大与自然界中的生命体一样，是一个不断成长的过程，在每一个阶段具有不同的特点，因此，想要做好企业必须关注企业每一阶段的变化与差异，在其不同阶段采取不同措施，简而言之就是创业者、企业家要针对企业在不同阶段的特点有重点地采取应对措施。❶

不得不承认，创业过程本质上就是一个新组织的创建过程，在此过程中，创业者需要对创业有理性的思考，逻辑分析、采取恰当的行为，并随时注意市场动向，找到适当的方法做好管理工作等。创业也是具有"周期性"的，可将这一周期性过程分为四个阶段：创业前阶段（prestartup stage）、创业阶段（start-up stage）、早期成长阶段（early growth stage）及"晚期成长阶段（later-growth）。在每阶段创业者都要承担相应的风险、面临不同的困难、享受成功带来的收益。在此过程中创业者要分析市场环境、政策、自然等多方面因素对企业的影响，对创业资源进行整合，不断获取收益与承担风险。❷有的学者将创业活动分为另外的四个阶段：创业动机产生阶段、创业初生阶段、创业成长阶段、创业成熟阶段❸。

## 三、创业动机理论

韦纳（Weiner）谈到，人类进行行为活动的动因是什么？就是个体有意识的动机。正是因为个体动机的驱动，才会激发出人进行某种活动的动力。创业的动机同样是驱动创业者创业的心理驱动力，没有创业动机的驱动，个体在面临每一次风险、挑战、困难时都会很容易就放弃创业行为。创业动机是创业者根据环境的选择，将自己的创业意愿落实到实际行动，并具有较强的持续性驱

---

❶ 刘晔.我国创业政策体系的多维思考与改革策略[J].改革与战略，2017，33（05）：33-35.

❷ 王玉帅，黄娟，尹继东.创业政策理论框架构建及其完善措施——创业过程的视角[J].科技进步与对策，2009（19）：112-115.

❸ 吴俊伶.上海创业公共政策研究[D].上海：上海交通大学，2010.

动力的特殊心理状态。❶

还有学者将创业动机归因为创业个体对物质的需求与自我价值实现的需求，并将物质需求型创业称为机会性创业，将自我价值实现型创业称为生存型创业。近年来，用此方法对创业类型进行划分在创业研究中越来越受到专家学者的认可，并在2001年GEM组织的年度报告中明确提出。

我国学者张玉利在对我国本土创业者进行了大量的数据研究分析、问卷调查以后将创业行为以创业动机为依据划分为三类：一是个人偏好型动机，此类创业者的目的并不是金钱数量上的多少，而是当某一机会出现后，在机会与兴趣的带动下，将创业作为实现自己人生目标、生命价值的形式。二是贫穷驱动型动机，此类创业者大都经历过生活的苦难磨砺，创业是他们改变现实生活状态的一种不得已的选择，无所谓喜好与厌恶，纯属生活压力所迫。三是混合型动机，此类创业行为是个人偏好与生活压力的共同作用，从实际情况来看，从此类型创业动机出发的创业者，往往较前两者具有更大的发展空间与持续的创业精力。❷

中央民族大学褚萍博士在《中国西部创业型经济发展研究》中提出了四种分类方法，对于创业政策的制定具有较强的实践意义，其将创业者分为以下四类，分别是生存型创业者、主动型创业者、赚钱型创业者、反欺诈委托加盟。❸

## 四、创业风险理论

一般意义上的风险，是指由于环境的不确定性、任务的复杂性、主体的能力与执行力限制，导致某一特定任务和行动偏离的可能性。创业是一种复杂的活动，关系到多个环节和多个方面，存在着很大的风险，可以这样说，"除了

---

❶ 段锦云, 王朋, 朱月龙. 创业动机研究：概念结构、影响因素和理论模型[J]. 心理科学进展, 2012（05）：698-704.

❷ 谭远发. 机会型和生存型创业的影响因素及绩效比较研究[D]. 成都：西南财经大学, 2010.

❸ 褚萍. 中国西部地区创业型经济发展研究[D]. 北京：中央民族大学, 2011.

风险，没有什么是确定的"。

创业是存在风险的，并且这种风险是相对比较高的，认识创业风险和合理规避与化解风险是创业者面临的主要任务。创业风险主要来自创业活动相关的各种因素的不确定性，在创业过程中，创业者需要投入大量人力、物力和财力，需要采用和引入各种新的技术、产品、市场资源及生产要素，需要建立或者改造现有的组织架构、管理体系、业务流程等。从本质上说，创业风险就是创业者在创业过程中要面临的市场变化、机会把握、政策风险等复杂的不确定环境因素，加之创业者及其团队的能力与执行力限制，而导致创业活动偏离预期目标的可能性。

创业企业的风险研究向来受到企业管理者和研究者的关注。纵观国内外的研究，创业风险主要包括对创业机遇和企业发展机遇把握是否恰当的风险、市场判断风险、企业管理以及创新技术等的风险。创业过程中的技术风险是指创业者在产品创新和创业过程中所依靠的技术存在不可靠性、不稳定性而导致创业失败的可能性。创业者选择创业也就放弃了原先所从事的职业，选择创业也就丧失了其他的选择，会有机会成本风险，这种机会成本风险需要每个创业者认真考虑。而且，创业者所能选择的创业机会可能有多个，每个都各有优劣，如何合理地选择创业项目存在一定的机会风险。在市场经济条件下，生产和消费是通过市场纽带联系起来的，市场作为纽带的同时也会成为一种障碍。创业者要实现"从商品到货币的惊险一跳"，就必须跨越市场的鸿沟。所谓市场风险，是指创业企业从事经济活动所面临的亏损的可能性和营利的不确定性而存在的创业风险。实践证明，市场风险是导致新产品、新技术商业化、产业化过程中断甚至失败的核心风险之一。一般所说的财务风险是指企业由于负债筹资而产生的用现金偿还到期债务的不确定性引起的投资收益下降风险。而对于自主创业来说，财务风险是指因资金不能适时供应而导致创业失败的可能性。在企业中，往往是"一把手"管钱，当财务出现风险时就成为潜在的危机。创业管理风险是指在创业过程中，由

## 第二章 创业扶持政策的基本范畴与理论基础

于经营管理者管理不善而导致创业失败所带来的风险。环境风险是指外部环境因素影响创业发展而带来的风险。就当前企业创业而言，环境风险主要包括政府政策制定、市场调整、技术创新、人口变化、社会文化差异及自然灾害等因素。这些外部环境对创业者来说是可变的，同时也是不可控的。对创业环境的把握，更多的是以了解政策制度信息来体现的。国家在企业创业方面大量的产业扶持政策、融资投资以及加入WTO以后更加注重的知识产权保护政策、关税与外贸政策等都是创业者在整个创业过程中与后期企业发展过程中必须注意的问题。

风险管理是创业管理的一个重要组成部分，对处于创业阶段的小企业尤为如此。企业的风险管理指的是一系列的管理安排，以保障公司的财产，并增强企业的持续运营能力。而创业小企业通常很难把注意力集中于风险管理，由于风险不能立即得到关注，所以往往造成损失的发生。在风险管理的实践中，创业企业的管理者需要识别其面临的不同种类的风险，并找到处理它们的办法。创业企业风险识别是创业者依据企业活动，对创业企业面临的现实以及潜在的风险运用各种方法加以判断、归类并鉴定风险性质的过程。简单地说，企业风险识别就是创业者逐渐认识到自己在哪些方面面临风险的过程。风险评估是在分析识别的基础之上，通过对搜集到的大量损失的详细资料进行分析，在这个阶段可以对风险进行定性分析，界定风险源，初步判定风险及其可能的危害程度，以给出风险的整体印象。还可以对风险进行一定的定量分析，综合考虑风险的发生概率、损失程度及其他因素，评估企业发生风险的可能性及危害程度，通过比较管理风险需要支付的费用，为创业者提供风险管理决策的依据。风险预警具有预防、提示、识别的作用。不是所有的风险都是可以预防的，创业企业需要在风险评估和预警的基础之上选择合适的风险管理方法和技术来降低风险的损失，实现风险管理目标。创业企业需要在管理控制和财务支持上进行适当的安排和计划，降低损失的频率和幅度，对无法控制的风险进行财务准

备，以弥补损失。❶

## 第三节 基于政策科学的理论分析

创业扶持政策属于一种具体的公共政策，必然要遵循一般政策科学的理论和规律。因此，把握基本的公共政策要素，理清创业扶持政策的政策目标、主体、客体、工具，对于其科学制定和有效执行非常有帮助。

### 一、政策目标

一般意义上来讲，公共政策的目标就是有关公共组织特别是政府机构为了解决公共政策问题而采取的行动所达到的目的、指标和效果。而对于创业扶持政策而言，其目标更为具体、明确。

制定创业扶持政策是为了激发创业活动，促进创业者进入创业领域，减少各种障碍，支持初创企业顺利发展壮大，促进创业经济和区域经济的发展。

Lundstrom 和 Stevenson 在其创业政策框架中主要将政策目标分为四个方面：一是政策应该有助于创业文化氛围的建立与增强；二是使更多的人、社会组织加入到创业行为中，提高创业兴趣；三是创业政策有助于帮助新创立的公司获取发展、壮大的机会，创造更多的新业务；四是激活创业市场的进入与退出活力，增加新公司与创业者的数量。

华中科技大学的党博士在其《政府扶持型创业体系及政策研究》中提出了较为详细的"创业政策支持体系"的四个目标：①最大限度地激活社会、特别是青年的创新创业热情，有序引导创业者更加关注实体经济、国计民生方面的项目。②各级政府通过创业扶持政策对创业活动进行有序引导，特别是针对有利于社会经济持续发展的循环经济、高新技术产业等方面的创业扶持力度要不断加强。③在政策制定与实施过程中，更加注重细节与人性化的一面。关注特

---

❶ 王延荣.创业管理[M].上海：上海财经大学出版社，2007.

殊人群（残疾人、大学生、下岗职工等具体群体）的创业活动，既体现政策公平正义的一面，又体现扶持政策对社会群体的全面覆盖与关注。④发挥群众主观能动性，提升创业环境整体质量。❶

从我国地方政府的角度出发，面对某一特定地区，其创业政策直接的目标就是促进就业，这是当前多数地方政府制定创业政策的初衷；而创业政策间接的目标是区域经济发展，这是需要一个较长时期、较复杂的系列政策执行及政策客体的努力，才能达到的一个状态。

无论哪个地方政府，在其制定和执行创业扶持政策时都需要有一个较为明确的政策目标，引领政策制定者和执行者共同努力，各个子政策相互配合，构成可衡量、可评价、可修正的政策系统。

应该明确的是，创业扶持政策的目标是区域经济发展目标的一部分，创业扶持政策应该服务于总体目标。譬如，广西壮族自治区的经济社会战略发展目标是"富民强桂"，其创业扶持政策必定包含于这个目标之内。

## 二、政策主体

公共政策主体是指直接或间接地参与公共政策全过程的个人、团体或组织。

在我国公共政策主体主要包括各级行政机关、各党派、社会组织、利益团体及公民个人等。对公用政策主体进行分类的主要依据是官方与非官方。我国的官方公共政策主体包括各级立法、司法、行政机关以及党在各级地方政府下设的各级组织等；非官方的公共组织主要包括公民团体或个人、各种类型的利益团体、新闻舆论传媒等非正式群体组织。

从创业扶持政策来看，其政策主体更为明确，一般以省、自治区（市、县）人民政府为主导，各自主管相关业务的政府部门作为部分专业性政策的制定者和执行者。目前来看，我国地方政府创业扶持政策的主体一般包括：

---

❶ 党蓁.政府扶持型创业体系及政策研究[D].武汉：华中科技大学，2011.

省、自治区（市、县）人民政府、人力资源和社会保障厅（局）、中小企业管理局、农业厅、教育厅、就业局、工会、妇联、残联、共青团委、国税局、地税局等。

就我国地方政府创业扶持政策的各个主体而言，各个部门相互之间的协作还不够。任由此现象发展将会造成诸多不利影响。其一，各部门之间政策的出台缺乏协调统一，就会出现人员、物资、资金等国家资源的浪费。其二，由于政策的不统一，重复政策的制定不可避免，但是某些方面又会出现政策的"真空地带"，即无部门、无资金、无人员管理，这对新创立的企业尤其是一些中小微型企业的发展具有非常不利的制约。其三，各项政策的出口不一，容易造成政策执行者的无所适从，出现政策盲点，也削弱了政府政策的有效性与权威性。❶

## 三、公共政策客体

公共政策所作用的客观对象称为公共政策的客体。这里主要包括政策所作用的社会问题与解决问题的社会目标群体两方面。不管是社会问题还是目标群体都是公共政策制定的出发点与落脚点，因此要搞清楚社会问题与政策问题的范畴，才能有针对性地制定出正确的公共创业扶持政策。另一方面，社会目标群体是公共创业政策指向的又一对象，因此，要针对不同的目标群体做深入分析与调查，根据实际情况制定出针对目标群体的切实政策。

创业扶持政策所面向的"公共政策问题"也就是其直接客体，现阶段我国存在区域创业活动较弱、创业者较少、创业环境不利、创业经济不发达等具有公共性的社会问题。目前这个问题在中国的绝大多数地区都存在，全国整体的创业活力和创业经济有赖于各地区的活跃与发展。

公共政策的间接客体是目标群体（target group），就是那些受公共政策规范、管制、调节和制约的社会成员。公共政策主体对公共政策问题的界定和解

---

❶ 顾旭东.吉林省全民创业政策体系构建研究[D].长春：东北师范大学，2010.

决问题的目标，直接决定着目标群体的范围和性质。目标群体并不是消极被动的，而是具有能动性，对公共政策主体起着反作用。同时，公共政策作用于目标群体的机理和实际效果是非常复杂的。因为目标群体并非一个同质结构的社会群体，而是经济、文化等多种因素共同组合起来的一个个公民个体。

创业扶持政策所面向的目标群体也具有多样性、广泛性的特点。一般而言，创业扶持政策目标群体分为两类：一类是普惠群体，也即政策指向是大众，只要符合一定的条件，都能成为创业政策的受惠者；另一类是特殊受惠群体，包括个体工商户、小企业主、返乡创业的农民工、就地就近从事二、三产业创业就业的农村劳动力、自主创业的高校毕业生、科技创业人员、自愿申请到企业工作的国家机关工作人员、妇女、残疾人创业者、部队复转军人、海归人员、下岗再就业人员等。在制定和执行创业扶持政策时，注意区分、定位不同目标群体，有助于提高政策的效益和效率。

## 四、政策工具

在政府公共政策的制定、实施过程中，使政策落实到位，达到良好的政策效果与目标，需要恰当的政策工具来实现。所谓政策工具就是政策执行者采用何种手段、形式和机制，来促成政策落实而达到预期效果的一切方法。政策工具是连接政策目的与结果的桥梁，是将政策目标转化为具体行动的路径和机制。

在很长一段时间里，政策工具的分类主要依据工具特性来进行。萨拉蒙（Salamon）等按照工具的管制程度差异将政策工具分成行政措施、协约合同、用户付费等类别。❶

按照目前较为认可的分类方法，将市场化工具、工商管理技术和社会化手段三种途径作为政策工具的三大类。其中，市场化工具是政府政策通过市场的隐形调节实现政策效果的手段。工商管理技术是指将具有成功经验的企业管理

---

❶ 宁亮.促进创业活动的政府行为研究[M].南昌：江西人民出版社，2009：73.

理念与方式作为政府政策的借鉴用于公共部门，政府通过吸取其中的经验达成政策制定的目标，其涵盖内容较广泛，包括战略管理技术、绩效管理技术、目标管理技术、全面质量管理技术、企业流程管理技术以及目标管理等。社会化手段是指政府政策是通过利用社会资源这一大平台达到良好效果的，包括利用社区街道、家庭与个人、各级各类自发组织等。❶

一般将创业扶持政策的政策工具按运用政策的途径划分为科教类、金融信息类、法律法规类及政府购买等主要类型；政策工具按运用形式划分为合同工程类、奖励类、计划类、会议类、各项基金类等。

将政府创业扶持政策工具依据其对创业活动影响的途径分为直接介入与间接地创造环境两种方式。①直接介入的方式，是政府通过行政手段直接干预市场，改变市场自主调配资源的方式。这一方式主要是通过建立创业孵化基地（如设立高新技术产业园、大学科技城园等）促进技术创新发展；通过物资、资金的特别区域、特别行业重点投入促进人力资本与金融资本的发展；通过加速基础设施建设、提供良好的创业环境等为创业者提供良好的创业平台。②政府间接干预的形式——营造创业环境方面。主要是通过基础设施建设、人力等资源配置、社会法律法规健全、创业文化氛围培育等为创业者创业打造良好的环境，从物资、人才、信息、技术等方面降低成本，促进创业活动的发展。

在实际运用中，将政府扶持政策工具简单地分开运用的情况较少，通常在间接干预过程中会运用到直接干预，在直接干预过程中需要间接措施的辅助，所以将二者结合起来运用，实际效果更好。❷政府对创业工作的认识不同、可利用的政策资源不同，在多元化的政策工具中也会做出有较大差异的选择。

---

❶ 陈庆云.公共政策分析[M].2版.北京：北京大学出版社，2011.
❷ 顾旭东.吉林省全民创业政策体系构建研究[D].长春：东北师范大学，2010.

## 第四节 创业扶持政策制定与完善的一般原则

构建区域创业扶持政策体系是一个系统工作，特别是要根据广西壮族自治区自身的特色进行构建，同时必须遵循政策制定的一系列原则。一方面，建立完善中国特色社会主义市场经济是自治区创业创新的最大前提条件，因此，必须以马列主义、毛泽东思想以及中国特色社会主义理论体系作为理论指导；另一方面，新时期，面对新的情况，经济全球化时代背景下，政府创业扶持政策的制定要始终以"科学发展观"为指导，做到经济发展全面协调可持续，使自治区各区域、城乡之间协调平衡发展，同时各项政策的制定始终围绕"以人为本"这一中心思想进行，在此基础上应该遵循以下五大原则。

### 一、尊重创业自身规律

如本章第一节所述，创业活动是有规律可循的，各种创业政策的出台，其最终目标就是创业活动的活跃，所以制定、执行创业政策首先不能违背创业活动的自身规律。政策制定和执行是服务创业活动和创业经济发展的，要牢牢抓住创业者的实际动机、摸清企业的运行规律，认清创业经济的基本模式，发挥政策应有的效应。

例如，从创业过程理论出发，要按照创业活动各个阶段的不同特点和要求来制定相应的政策。创业动机阶段是潜在创业者产生创业意愿或创业动机的阶段。此阶段，对个人创业意识的培养和创业素质的提升显得十分重要。创业动机还受到公共政策的刺激和强化。创业初生阶段是一个发现机遇、实践创业想法的阶段。这一阶段，创业公共政策起着最低保障作用。创业成长阶段，创业公共政策主要是帮助新成立的企业完善及扩大生产能力。因此，创业扶持政策的制定者首先必须学习和熟悉创业经济的规律，从创业活动的基本要素、阶段特征、发展途径着手，适时制定并调整创业公共政策的方方面面。

## 二、合理确定创业公共政策与市场调节的边界

创业扶持政策是一种典型的政府行为。在目前我国特色社会主义市场经济发展中,最难处理的一个问题莫过于政府(公共政策)与市场的边界问题。

从创业扶持政策的初衷来看,是刺激市场行为,促进创业活动活跃。所以,从本质上而言,创业公共政策是通过政府行为来激发市场作用。但是现实而言,我国传统体制的惯性使然,使得诸多创业公共政策带有一定强制性。这种政府行为在制度变迁中属于强制性变迁。从政策客体而言,受传统文化的影响,认为既然政府扶持创业,就应该在方方面面提供支持,尤其是一些生存型创业的群体和特定的农民、大学生、下岗职工、军队转业人员,对政府政策的依赖性很强。地方政府出于促进就业的考虑,在出台的政策措施中有时会不知不觉做出大包大揽甚至破坏市场基本规律的行为。

因此,合理确定好创业扶持政策与市场调节的边界,是政策制定者必须要注意的技术问题。在中国共产党第十八届中央委员会第三次全体会议(以下简称"十八届三中全会")上,党中央提出:"建立完善、统一的社会主义市场经济体系,各种资源的流通与配置必须以市场这只无形的手说了算,在全国加快建成企业自主经营模式、形成公平公正竞争环境;提升消费者在市场中自由选择权、自主消费权等各项权利;针对个别地方保护主义、行业保护主义要彻底进行清除,提高资源配置效率与市场竞争的公平性。"以上论述为自治区在中国特色社会主义市场经济中制定政府创业扶持政策时厘清政府-市场二者之间的关系指明了具体方向。

具体而言,在实践中,一方面要在短期内市场作用不明显的领域,针对特定的群体,给予较多的创业政策扶持,培育市场基础和环境;另一方面,积极总结,如在20世纪80年代就出现了一次创业高潮,90年代个体私营经济活跃,可以说都是非常好的经验。

就政府创业扶持政策体系的落实而言,其本质重在发挥政府在市场中的引

导作用与杠杆作用，而非粗暴的直接干预。因此，政策落实要以激发市场活力为目标，以隐形、间接的方式达到对资源的合理配置，一方面避免政府在整个过程中自导自演、唱独角戏的局面，另一方面避免将扶持政策过度使用，造成整个市场拖沓疲软，甚至打击到已有企业创新的积极性。

尽管我国的市场经济仍处于发展之中，尚不成熟，整体社会也处于转型时期，创业公共政策仍要考虑到现实的当前需求与渐进的制度建设，通过一个较长的时期，完善我国的创业环境，使政府政策在宏观调控中游刃有余。

### 三、注重创业政策的针对性和系统性

政府在制定创业政策时需要注意政策的针对性，包括三方面内容：一是因地制宜，考虑当地的经济、技术发展水平。因为我国是一个经济、政治、文化发展极不平衡的国家，如果政府在制定创业政策时忽略了当地的实际情况，忽略各地差异化的资源、劳动力、市场发展因素，政策效果将适得其反。❶二是具体政策有着不同的目标，由于创业政策时效性极为重要，各区域正在发生或将要发生的创业问题、创业困境与特点都是创业政策制定的依据。所谓"对症下药才能药到病除"。三是政策对象不同带来的差异。创业者的背景、经历差异造成不同创业群体各自具有不同特征。例如，失业人员创业与海外留学人员创业的选择项目就完全不一样，他们在项目的资金投入、生产规模、预期风险各方面都有着截然不同的要求。

创业政策的系统性也是由两方面因素形成的。从政策本身而言，创业公共政策是由政策主体、政策客体与政策环境组成的一项政策系统，在其制定和实施过程中涉及多个机构以及人、财、物、信息、时间、空间等诸多资源，必须注意各种资源的充分调动和协调。从创业活动的扶持内容而言，有激励创业者进入、资金补助、教育培训、中介服务、税收、融资等多个方面，对于一个创业者来说，可能初创企业只要在横向上符合政策体系就够了。因此，创业政策

---

❶ 赵都敏，李剑力.创业政策与创业活动关系研究述评[J].外国经济与管理，2011（3）.

的制定和执行必须要系统地考虑各种因素，系统地提供多种扶持方式形成的"组合拳"，系统地执行和实施。

## 四、注重创业政策系统的规范程序

创业扶持政策目标明确，与创业者和区域经济发展密切相关，因此其运行过程必须按照规范的程序和步骤来进行。与其他公共政策体系的政策程序相比较，创业政策体系的政策程序并无原则性区别，大体上包括五大步骤：一是针对实际情况找出问题所在；二是政策草拟或设计；三是政策的试点运行与全面实施；四是根据政策实施情况进行政策调整；五是政府、社会、创业者群体的反馈评估。虽然五个环节紧密联系，环环相扣，但是创业活动在实际过程中受到企业技术、市场、环境等各因素不确定的影响，而且创业者本身素质、创业企业的规模、创业环境等都存在巨大的差异性，因此，政府政策体系的制定并不是一旦制定就永久适用，需要根据实际情况不断调整完善。❶

政策评估模式中，一是按照政策体系设立评估指标体系，采用定性或量化的指标进行考核，促进评估的科学化和精细化；二是在评估改进方法上，"PDCA"的循环评估模式非常有利于政策改进和提升，实现评估的最终目标。政府也可以采用"计划（Plan）—执行（Do）—检查（Check）—行动（Act）"的步骤，及时发现政策执行中的问题，并做出更正，达到完善政策的目标。

## 五、科学选择创业政策的工具

政府公共政策在创业活动促进中的作用较大，因此，政策制定者在选用政策工具时要注意到不同工具的影响和力度，尽量用最少的政府资源构建良好的市场规则和竞争体系，激发社会的创业动力。

由于历史原因，新中国成立初期，将行政管理方式用到经济发展中。改革

---

❶ 顾旭东.吉林省全民创业政策体系构建研究[D].长春：东北师范大学，2010.

开放以后，由于市场经济的发展，已经完全不能适应社会发展的需要。另一方面，我国的社会主义市场经济体系还不完善，行政手段与市场调节的合理运用还需要磨合。因此，政府部门的政策措施必须考虑市场的承受能力和接受度，尽量用市场力量来推动创业活动，提升政策在市场机制中的号召力和政策实施效果。

直接政策举措（偏行政）与间接政策举措（偏市场）的选择和处理一般坚持相互匹配的原则。相互匹配并不是两类举措半斤八两，不差上下，而是依据创业者创业活动对政策的现实需求的不同而有所侧重及创新。例如，长期以来日本采用的是以直接政策举措为主、间接政策举措为辅的促进方式来鼓励扶持中小企业和创业者创业，而法制较为健全的美国、德国却选择了以间接政策举措为主、直接政策举措为辅的促进方式。

一般情况下，政府政策直接扶持的效果往往大于间接政策的作用，特别是对于一些中小微创业企业而言，早期的扶持政策对于企业信息掌握、技术管理借鉴、资金成本要求的降低都有重要意义，而对于一些比较大型的完善的企业而言，他们更需要市场活跃的竞争环境，而过度的政策扶持容易导致企业对政策产生依赖性，降低市场的活跃度。尤其是在市场全球化的今天，某一国政府或行业对某些企业和创业者的扶持容易造成其他地区与国家的反对；地方政府对各自区域内的扶持政策也会造成行业内部以及行业之间产生抵触情绪，到头来得不偿失。就一般情况而言，那些法制不够健全、市场发育程度不高的国家或地区比较适合实行政府直接的扶持政策，而间接政策举措适用于法制比较健全、市场发育程度较高的国家或地区。❶

---

❶顾旭东.吉林省全民创业政策体系构建研究[D].长春：东北师范大学，2010.

# 第三章 广西创业环境及扶持政策的现状分析

广西壮族自治区简称桂，首府南宁，位于祖国南疆，辖有地厅级市14个。广西是中国西南方的一个沿海省份，南濒北部湾、面向东南亚，西南与越南毗邻，东与广东、北与湖南、西北与贵州和云南接壤，是我国西南地区最便捷的出海通道，是中国通往东南亚的"前沿阵地"和"桥头堡"，在中国与东盟的经济交往中占有十分重要的地位。区内聚居着壮、汉、瑶、苗、侗等12个民族，汉语语言有粤语、西南官话、平话、桂北方言，少数民族的语言有壮语等。广西属亚热带季风气候，拥有丰富的热、光和水资源，孕育了大量珍贵的动植物物种；其大陆海岸线长约1595千米，海洋资源相当丰富。广西盛产水果，被誉为"水果之乡"。此外，广西灿烂的文物古迹、奇特的喀斯特地貌、浓郁的民族风情，丰富了该地区的旅游资源。

## 第一节 广西创业活动概况

广西在历史上都不属于繁荣的经济中心，由于群山环绕，不适合大面积开垦耕种粮食，在古中国被称为"南蛮之地"。中华人民共和国成立前，广西经济基础落后，自然条件较差，加上交通落后，信息闭塞，是集"老、少、边、山、穷"于一身的欠发达地区。中华人民共和国成立后，特别是在改革开放浪潮的推动和发达地区经济发展的启发下，近二十年来，广西人民发挥自身的聪明才智，奋起直追，在经济领域勇于冒险、敢于创新，涌现了一轮又一轮的创业热潮，推动了当地经济社会的快速发展。

## 一、广西民营企业的发展

通过对创业活动的考察可以发现,创业与民营企业发展密不可分。民营企业的发展历程,诠释了创业活动的基本内容。随着改革开放的不断深入,我国对民营经济发展的态度是从不允许到允许,再到鼓励与支持,以及到现在的扶持发展的变化过程。相对国内其他地区而言,广西民营企业发展起步较晚,广西民营经济经历了从无到有、由小到大、由弱到强的发展历程。

改革开放以来,广西民营经济得到了长足的发展。1979年,广西民营企业的从业人员只有1.15万人,不到全区总就业人口的1%,经过近40年的发展,截至2017年已超过1000多万人,增长了近1000倍。

个体工商户发展较为迅猛。2004年年底,广西个体工商从业人员152.94万名,共98.45万户,注册资金115亿元,分别比2003年同期增长2.6%、0.6%和12.8%。农村个体工商户48.32万户,占总户数的49.1%,比上年减少0.2个百分点;城镇个体工商户50.13万户,占总户数的50.9%,比上年增加0.2个百分点。而到2007年9月,广西个体工商户从业人员已达176.94万人,一共106.11万户,注册资金为168.56亿元。2017年,广西个体工商从业人员达383.39万人,个体工商户168.89万户。

私营企业发展也相当迅速。2004年,广西私营企业从业人员70.51万名,共发展到4.81万户,注册资金614.52亿元。2007年,广西私营企业从业人员达到103.68万人,发展到6.72万户,注册资本(金)1084.75亿元。2007年,社会消费品零售总额1897.87亿元,比上年增长18.6%,其中民营企业所占比例最大,增长较快。2017年,广西城镇私营企业从业人员达248万人,2018年前100强私营企业营业收入总额为3234.40亿元。

在创业行业选择和创业领域上,广西大部分创业者和民营企业家主要选择在资金少、进入门槛较低、对专业技术要求不高的行业从事创业活动,这些行业大部分属于劳动密集型传统产业,根据产业类别的划分有:第一产业包括农业、林业、牧业、渔业等；第二产业包括建筑业、煤炭工业、制造业、纺织服装等；第三产业包括酒店餐饮服务业、零售批发、交通运输业等。近年来，随着市场经济的发展和行业竞争的不断加剧，传统劳动密集型产业市场已趋饱和，广西大部分民营企业家开始转移投资行业或开拓新的创业领域，涉及投资领域和经营范围逐步扩展到国际贸易、信息技术、金融保险、物流等服务业，逐渐由劳动密集型产业向创新驱动型产业转变和技术密集型产业方向发展。

一大批民营企业，如广西盛隆冶金有限公司、象翌微链科技发展有限公司、桂林力源粮油食品集团有限公司、广西荣和企业集团有限责任公司、强荣控股集团有限公司、广西南丹南方金属有限公司、广西柳州医药股份有限公司、广西贵港钢铁集团有限公司等，销售收入位居前列，实施多元化发展战略，已成为创业者当中的佼佼者。❶

## 二、近年来创业活动的活跃

十八大以来，国家将创业促进就业工作提升至一个更高的平台上。广西壮族自治区政府对于创业相关工作也非常重视。无论是全民创业行动，还是创业型城市创建，以及实际的创业活动促进，都做出很多努力，成效也非常显著。自主创业、返乡农民工创业就业以及城镇失业人员就业工作都成绩斐然。❷

进入21世纪以来，广西创业气氛日趋浓厚。通过创业可以致富已成为全区人民的普遍共识，创业的积极性、主动性也得到了提高，目前在广西全民创业正在形成一种社会风气。

创业对于经济社会发展贡献日渐显著。2017年，广西民营经济增加值占全区GDP的比例达到48%。2018年1—9月，广西全区民营企业生产总值占全区生产总值的52.6%，非公有制经济规模以上工业增加值、固定资产投资、进

---

❶ 2018广西民营企业100强发布[EB/OL].（2016-11-15）[2018-04-09].https：//baijiahao.baidu.com/s?id=1612953701604929363&wfr=spider&for=pc.

❷ 广西壮族自治区人力资源与社会劳动保障厅[EB/OL].（2013-04-09）[2016-11-15].http：//www.liuzhou.gov.cn/wsbs/ztfw/jiuyly/xwdt/201304/t20130409_579652.htm.

出口额分别占全区总量的56.7%、52.4%、86.6%。目前全区非公有制经济市场主体近250万户，从业人员近900万人。❶广西非公有制经济吸纳新增就业人员提供就业岗位占比不断创出新高。

创业群体越来越壮大。2018年上半年，创业人数达18万人。2017年全年城镇新增就业人数44.61万人，城镇失业人员再就业人数10.43万人，就业困难人员就业人数3.66万人。2017年全区农村劳动力转移就业新增72.37万人次。据2018届广西普通高校毕业生就业质量年度报告显示，截至2018年7月底，广西高校共计22.2万名高校毕业生，毕业生初次就业率达到91.76%，近60%的应届生毕业后选择留在广西，主要流向南宁、柳州、桂林等地市。❷2017年全区留学人员创业园总数4个，留学人员创业园内留学人员总数71人，留学人员创业园内留学人员创业企业总数54家，2017年留学人员创业园技工贸总收入4.36亿元。❸

创业领域更加广阔。服务业发展迅猛，独占鳌头。广西作为一个传统的农业大省，近年来，随着农业产业化的积极推进，一些群众利用当地特色，因地适宜，积极创新，从中也出现了一批又一批农业方面的创业典型。此外，创业行业还涉及汽配、机械制造、化工等产业。

## 第二节　广西创业环境的GEM模型调查

创业是经济发展过程中最具活力的组成部分。创业活动是否活跃已经成为衡量一个国家或地区经济能否持续健康发展的一个重要指标。创业环境对创业

---

❶ 广西：坚定不移发展壮大民营经济 助力经济高质量发展_中国经济网——国家经济门户[EB/OL].（2018-11-22）[2018-12-15]. http：//www.ce.cn/xwzx/gnsz/gdxw/201811/22/t20181122_30848008.shtml.

❷ 2018年广西高校毕业生大数据：近60%的人选择留在广西_就业[EB/OL].（2018-11-22）[2018-12-15]. http：//www.sohu.com/a/256439002_173859.

❸ 2017年度广西人力资源和社会保障事业发展统计公报_广西人力资源和社会保障厅[EB/OL].（2018-11-22）[2018-12-15]. https：//www.gxhrss.gov.cn/pub/gxrst/xxgk/zwgk/tjxx/tjgb/201806/t20180629_94265.html.

## 第三章 广西创业环境及扶持政策的现状分析

活动的活跃性有着十分重要的影响。2015年，我国学者石和伟等通过对我国31个省（市）企业创业环境竞争力各公共因子的比较分析发现，广西企业创业环境综合评分排名第22位，可以说，广西创业环境综合竞争力不容乐观。

为了深入了解和评估目前的广西创业环境，笔者专门成立了研究小组，组织了一次专项调研活动，采用全球创业观察的通用调 GEM（Giobe Entrepreneurship Monitor）模型，以标准化的调查问卷进行专家访谈调研，收集问卷后统计整理，对广西创业环境的9个子项目进行客观的实证分析，综合评价广西创业环境的总体状况。

### 一、调查方法和数据搜集

本研究选择使用全区创业观察，即GEM模型，一是因为其科学性和客观性，二则也便于横向比较。

在调研对象的选择上，根据GEM框架创业环境条件的9个方面要求，专家主要选自政府经济部门处级以上官员、金融机构高管、企业家或创业者、教育（研究）机构专业人员（副高职称以上）。这些专家有丰富的相关创业活动经历，对创业环境有深刻的认识和独到见解。经筛选的专家分布为：自治区政府部门20位、金融机构20位、高校科研单位20位、创业者20位。

该调查采用GEM统一的专家调查问卷，该问卷一共由三部分组成。第一部分是封闭式问题，这些问题覆盖了创业环境条件的9个方面，是共分为14个话题、77个问题的标准问卷。该问卷采用Likert量表的社会科学调查研究工具5级量表，每个问题都是肯定式陈述，专家根据对每个问题认同程度给出分数。专家认为该命题在本地完全不正确的，给1分；专家认为该命题在本地不正确的，给2分；专家认为该命题在本地既不正确也不错误的，给3分；专家认为该命题在本地基本正确的，给4分；专家认为该命题在本地完全正确的，给5分。分值越高选项表明肯定程度越高，该方面的创业环境条件也就越好。3分以上为肯定评价，对该方面的创业环境条件予以肯定态度；3分为中性，对该方面的创业环境条件态度既不肯定也不否定；3分以下为否定评价，对该方面的创业环境条件给予否定态度。第二部分是开放式问题，由调查对象分别列出认为目前在该地区限制创业活动和促进创业活动的最为主要的三个因素，以及如何改善该地区创业环境发表的三点看法。第三部分是专家的背景资料，分为企业家类（包含金融企业高管）和非企业家类（政府相关经济部门和教育机构的专家等）两大类。

在调研结果的处理上，以GEM的框架为分析基础，以访谈专家的标准问卷评分为客观导向，结合《2018年广西壮族自治区统计年鉴》《2017、2018年自治区政府工作报告》《广西2017年国民经济和社会发展计划执行情况与2018年国民经济和社会发展计划草案》中的经济社会发展数据，以及自治区创业环境的实际情况，对自治区的整体创业环境做出较为客观、全面的衡量和评价。调查结果经统计处理后与中国及世界均值进行比较，并结合广西经济、社会和文化等方面的数据进行分析评价。

## 二、广西创业环境的GEM模型分析

（一）金融支持

创业活动的金融支持，主要是指新设企业和成长企业在金融资源方面获得支持的难易和渠道情况。2012年12月末，广西金融机构本外币各项存款余额27899.64亿元，同比增长9.5%，增速同比下降2.3个百分点，主要受银行业金融机构压降非银行业金融机构存款影响，全年各项存款新增2420.8亿元，同比少增263.4亿元；年末贷款余额23000亿元，同比增长12.5%。较高的存款比率，表明存款意愿较强，投资保守而谨慎，不利于创业活动的活跃。从调研结果来看（见图3-1），金融支持项目总得分为2.77，属于负面评价（低于3），处于较低水平。与实际情况相符的是对个人资金的认同上，在6个子问题中得分最高（2.96），有近36%的人选择了符合或非常符合；权益资金和债务资金对创业公司的支持得分都较低，说明广西对于创业的投资和融资表现差强人意；IPO融资渠道得分最低（2.45），表明广西在首次公开发行上的难度较大，这与区域资本市场不活跃紧密相关。

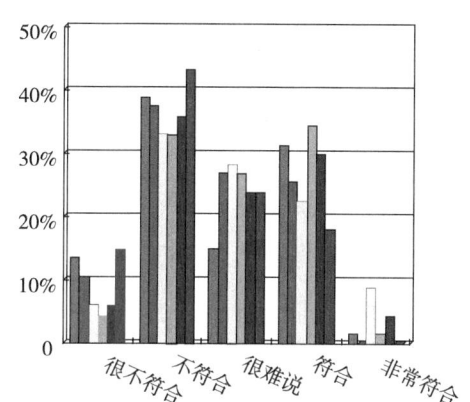

图3-1 基于GEM问卷的广西金融支持调查[1]

（二）政府政策

政府的创业政策主要是指为了促进和激励创业而针对新设企业和中小企业在设立、企业组织形式、融资、税收和发展方面出台的相关规定和政策。广西的创业政策主要来源于两方面。一是国家给予广西的整体政策扶持，如2009年的《国务院关于进一步促进广西经济社会发展的若干意见》（国发〔2009〕42号），《国务院关于同意设立广西凭祥重点开发开放试验区的批复》（国函〔2016〕141号）以及西部大开发、扶持民族地区的政策等；二是广西自身在创业扶持方面的政策。自2004年开始，广西壮族自治区党委、人民政府相继出台了关于民营经济、中小企业发展的政策[2]。2009年《广西壮族自治区人民政府关于做好我区促进就业工作的实施意见》（桂政发〔2009〕3号）和2010年《广西壮族自治区促进全民创业若干政策意见》接连颁布实施，成为全区创业政策的引领性文件；2017年9月，《广西壮族自治区人民政府关于做好当前

---

[1] 根据"广西创业环境研究小组"2013年调查结果统计整理制作，以下图3-1~图3-15均根据此次调查问卷数据结果得出。

[2] 2004年4月22日，广西壮族自治区党委、人民政府颁布《关于加快民营经济发展的决定》（桂发〔2004〕16号）；2007年5月，自治区人民政府发布《广西壮族自治区人民政府关于加快中小企业发展的若干意见》。

和今后一段时期就业创业工作的通知》（桂政发〔2017〕48号）出台。自治区政府各部门在创业培训、高校毕业生创业、创业税收、创业融资和科技型创业等多个领域陆续出台了系列政策，创业扶持政策进入了一个繁荣期。小额贷款业务不断发展，个体经营和合伙经营的贷款额度已经达到10万元（个人）和100万元（每个企业）。

调查结果显示（见图3-2），自治区政府在扶持创业企业的政策得到了专家们的认可和肯定，政府政策项目总得分为3.13，高于全国的平均值。在新成立公司的税收管制方面，普遍认为其不构成公司发展的负担（3.26分）；在应对官僚机构和规章制度上及许可证方面也给予了较为中性的评价（3.2分）；在政府政策的税务及管制措施稳定性方面，有近60%的专家认为其实稳定和可预期的；在新公司的优惠和许可证办理方面，尽管有大量的创业扶持政策出台，但专家们给予了较低的评分（2.85和2.86）。广西创业政策在制定和实施的过程中，仍缺乏接地气的实招和更为细致的贴心制度设计。

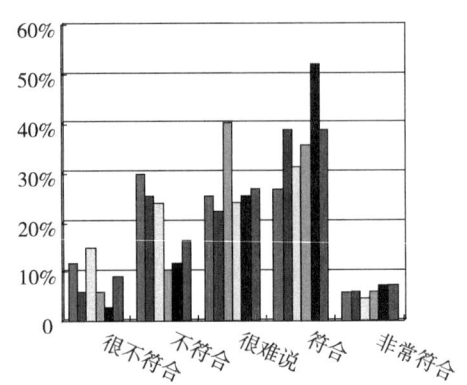

图3-2 基于GEM问卷的广西政府政策调查

（三）政府项目

政府项目支持作为衡量创业环境的独立要素之一，是一种较为具体的创业政策。政府向创业企业直接提供资金扶持、特殊照顾以及在政府购买中提供一些项目包，都是这里所说的"政府项目"范畴。一般而言，政府主要通过公开采购、公共服务外包、科技园、孵化器对创业企业进行提供支持。广西在科技园和企业孵化器方面的政策是比较到位的，2012年广西人力资源和社会保障厅发布《关于推进创业孵化基地建设进一步落实创业帮扶政策的通知》（桂人社发〔2012〕59号），要求14个市各建一个市级孵化基地；2017年12月15日，《广西壮族自治区人力资源和社会保障厅 财政厅关于印发〈自治区级创业孵化示范基地认定办法〉的通知》（桂人社发〔2017〕67号）出台；现有的经济技术开发区、工业园区、高新技术园区、大学生创业园、中小企业孵化园因其优惠政策，吸引了大量的创业者和新设企业，成效受到认可。

在调查结果中，71.64%的专家认为科技园和企业孵化器在支持新成立公司和成长公司方面给予了有效的支持。同时，在政府具体项目的支持上，因准入条件的高门槛和现有国有企业的保护，使得中小企业和新设企业很难获得公平竞争的机会，难以获得政府订单。调查结果中，问题1"可以通过单一的代理机构获得政府广泛支持"和问题5"几乎所有想从政府项目中获得帮助的新成立和成长型公司都如愿以偿"得分较低，分别为2.75和2.4，问题3"有足够数量政府项目提供给新成立和成长型公司"（3分），说明创业企业在获得政府项目方面，因其规模、实力、社会关系和制度安排等因素，较难获得项目支持。

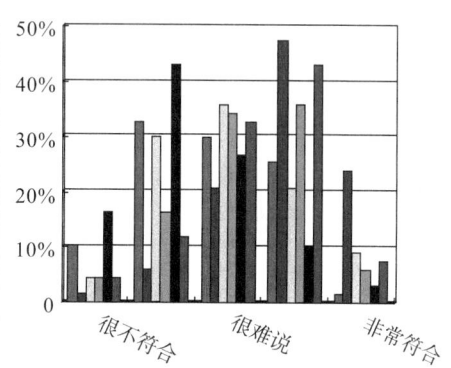

图3-3　基于GEM问卷的广西政府项目调查

（四）教育培训

教育培训是培养创业者基本素质和技能的主要途径，也是创业活动得以开展的必要条件和现实基础之一。一般而言，教育培训主要包括三个方面：一是中小基础教育中创业素质和基本经济社会原理的培育；二是高等院校和工商管理专业教育的系统教育；三是职业技术教育和继续教育培训的创业指导。广西在教育培训方面的总得分为2.98，评价较低。在基础的义务教育层面，广西已经实现高入学率和免费阶段，但在课程设置上仍然偏于传统，应试教育痕迹明显，关于创造性、自立等个人品质、市场经济原理以及创业方面，很少涉及。

在调查得分中，问题1、2、3得分均较低，分别为2.83、2.47、2.39，对于"中小学教育充分关注创业和创办公司"的问题，64.18%的问卷认为不符合广西情况，说明专家们对广西中小学的创业教育并不满意。在高等院校和职业教育方面，广西的力量还是比较强的。众多大学开设了系统的工商管理教学课程，职业教育近些年也发展迅猛，开设了大量以贴合市场需求的应用性专业。这方面调查结果问题4、5、6得分分别为3.22、3.44、3.5，普遍给予肯定性的评价。但是，总体而言，广西在创业教育方面基础薄弱，高等院校创业教育尚未成体系，职业教育也需继续专业化和细化，创业教育培训还有许多地方需要努力。

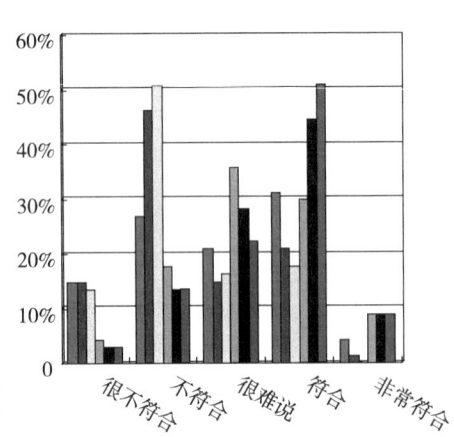

图3-4 基于GEM问卷的广西教育培训调查

## （五）研发转移

研究开发转移主要关注研究成果是否顺利、及时地实现商业化运作，创业者能否抓住机会实现将知识资源转化为市场需求。广西壮族自治区政府重视研发和创新工作，先后出台了《关于提高自主创新能力建设创新型广西的若干意见》《关于深化科技体制改革加快广西创新体系建设的实施意见》（桂发〔2012〕21号）和《广西壮族自治区人民政府关于印发广西科技创新支撑产业高质量发展三年行动方案（2018—2020年）的通知》（桂政发〔2018〕51号）等80多个配套文件，着重以提高自主创新能力为核心，深化科技体制改革，通过引进一批"八桂学者"、特聘专家及领军人才队伍，打造富有广西特色研发中心、技术创新基地，着力解决制约科技创新的突出问题。在科技成果转化上，自治区建设了一批科技企业孵化器，如获得国家级认定的桂林科技创业服务中心、南宁新技术创业者中心、南宁市科技企业孵化基地、中盟科技园服务外包产业孵化基地、柳州高新技术创业服务中心、北海市高新技术创业服务中心等，孵化服务能力明显提升，为促进科技与市场的结合发挥了重要的桥梁作用。

从调查结果来看，广西的研发转移情况并不乐观，总得分为2.93，属负面评价。在技术成果向新成立公司转移及新公司接触新技术的机会上，得分分别为2.99和2.84，说明广西新创企业和技术成果之间的结合不紧密；在新公司对技术商业化的负担和政府帮助上，专家们的评价也很低（分别为2.64和2.76），认为新设企业负担新技术能力不足，政府帮助也不大；问题5、6、7的得分略高于3分，属正面评价，对科技、对新公司的支持和新公司的转化能力还具有一定的信心（见图3-5）。从现实情况来看，广西创业企业很少利用新技术来冲击市场，科研工作者（高校和研究机构）也较少直接创业实现成果商业化，在技术成果转化过程中的政府作用也需要进一步提高。

广西壮族自治区创业扶持政策研究

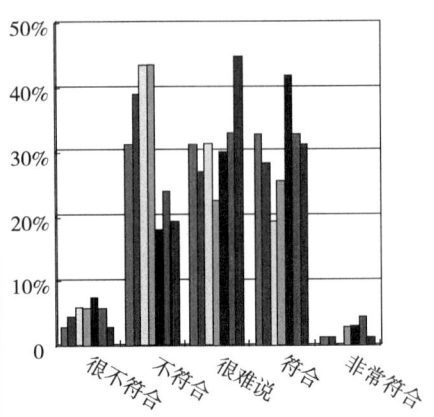

图3-5 基于GEM问卷的广西研发转移调查

（六）商务环境

创业的商务环境侧重考察区域内创业的三个方面：一是新创企业的行业资源和相关机构（分包商、供应商、咨询机构）等是否充分及合作成本高低；二是配套的法律、会计、金融等专业服务是否完善优质；三是工商登记程序的便利性。广西在商务环境方面，总得分为3.12，基本情况尚可。在一些特色产业领域，如食品、汽车、冶金、石化、机械、建材、电力、有色金属、旅游等，行业资源和上下游的供货商、转包商等机构充分，费用随行就市，基本能够满足新设企业需求。

调查结果中问题1、2的得分为3.11和3.08。在专业的法律、会计和银行服务方面，专家们的评价也不错，43.29%的问卷认为新成立公司容易得到好的法律会计服务，44.78%的问卷认为在银行服务上容易获得（见图3-6）。在工商注册上，自治区根据《中共广西壮族自治区委员会 广西壮族自治区人民政府关于进一步深化改革创新优化营商环境的若干意见》（桂发〔2018〕10号）精神，进一步压缩企业开办时间，优化营商环境，确保实现"企业开办手续3个工作日内完成"的工作目标，于2018年9月制定了《广西进一步压缩企业开办时间实施方案的通知》（桂政办发〔2018〕120号）。自治区工商行政管理局开展企业登记注册"减证提速"行动，大幅压缩办照时间，企业准入相关事项办理全面提速；实行"一站式"服务、限时服务制、延时服务制和现场服务制，不断提高办事效率，不断健全优化创业和投资环境。调查中工商登记效率问题的得分为3.15，专家们给予了正面评价。

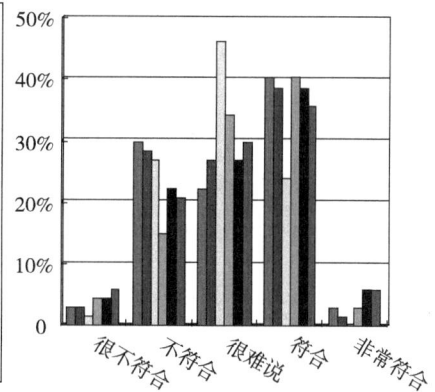

图3-6 基于GEM问卷的广西商务环境调查

1.有充分的分包商、供应商和咨询机构为新成立的和成长型的公司提供帮助3.11
2.新成立的和成长型公司可以负担起分包商、供应商和咨询机构的费用3.08
3.新成立的和成长型公司容易找到好的转包商、供应商和咨询机构2.94
4.新成立的和成长型公司容易得到好的、专业的法律和会计服务3.23
5.新成立的和成长型公司容易得到好的银行服务（会计核准、汇兑、信用证）3.2
6.工商注册登记过程简单、效率高3.15

（七）市场开放程度

市场开放程度主要衡量创业企业未来的市场环境，一方面体现在市场的变化是否显著，变化的市场孕育着更多的创业机会；另一方面要衡量新成立公司能否很容易地进入某个具体的市场，成熟公司有没有进入障碍和壁垒。广西壮族自治区政府非常重视市场环境的优化，对外不断扩大开放。2008年《广西北部湾经济区发展规划》经国家批准实施，要把北部湾经济区建设成西部大开发战略高地；2010年，在广西南宁举行的中国-东盟自由贸易区建成庆祝仪式上，中国-东盟18个合作项目正式签约，签约金额48.96亿美元；2013年1月《关于加快建设南宁内陆开放型经济战略高地的若干意见》颁布，对于南宁在开放的方向和布局上给予了更加明确的支持。目前的开放战略上，南向，办好东博会，加快互联互通基础设施建设，深化与东盟国家的合作；北联，加强与中部西部各省市合作，让"一带"与"一路"连接贯通；东融，主动融入对接珠三角、粤港澳大湾区发展，承接产业转移，借力加快发展；西合，深度参与澜沧江湄公河区域合作，开拓新兴市场。对于面向自治区内部的市场开放程度上，民营经济的发展可以窥见一斑。截至2017年年底，全区共有私营企业59.1万户，注册资本（金）23730.46亿元，分别比2012年增长150.9%、448.78%；个体工商户159.82万户，资金数额1257.65亿元，同期增长36.22%、139.26%；农民专业合作社4.45万户，出资总额678.66亿元，同期增长281.46%、441.37%。❶

本项目的调查中，总得分为3.32，基本评价尚可。对于问题1和问题2，即市场变化方面给予较高的评分3.74、3.35，说明普遍认为市场需求旺盛，创业机会较多；而在新公司进入市场的难度上，调查认为属于中等，而且需要较大的进入成本；同时成熟公司设立了不少不公平的行业市场壁垒，一些国有大型企业依靠垄断（或寡头垄断）地位也会给新创企业制造障碍，因此自治区的市场开放程度（尤其是内部对民营中小企业）仍有待提升（见图3-7）。

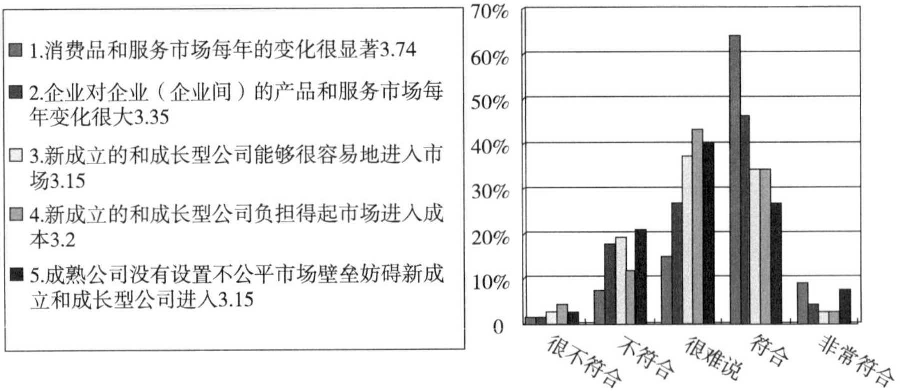

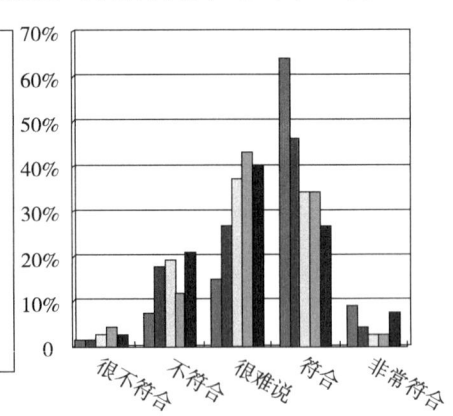

图3-7　基于GEM问卷的广西市场开放程度调查

（八）有形基础设施

有形基础设施通常是指与企业经营有关的"硬件"，它是所有企业活动的承载者，能否得到良好、低成本的硬件，对于企业的发展影响甚深。一般而言，基础设施主要从道路交通、信息通信、经营用房、用地等方面考虑。广西近几年来，一直坚持交通优先发展，交通网络主骨架基本形成。截至2018年

---

❶ 高宇峰.广西商事制度改革五年　全区个体私营企业发展迅猛[EB/OL].（2018-01-02）[2018-12-15]. http://www.sohu.com/a/86370817_162522.

10月，全区铁路营运里程达5191千米，其中高铁营运里程1771千米，位居全国前列，南宁成为率先开行国际列车的省会城市。2017年年底全区高速公路总里程已经达5259千米，高速公路遍布各个地市，县、乡、村全部实现公路互连，没有死角。2018年12月，广西农村公路总里程突破10万千米，全区乡镇、具备条件建制村通硬化路率分别达到100%和99.9%。民航运输能力逐步增强，2018年1—10月，民航广西辖区运输旅客吞吐量达到2340.7万人次，同比增长12.8%；货邮吞吐量12.6万吨，同比增长4.6%；运输起降架次18万架次，同比增长8.6%。万吨级港区不断增多，深水航道数量不断突破。2018年1—9月，北部湾港完成货物吞吐量1.35亿吨，同比增长13.68%；其中集装箱完成218.63万标箱，同比增长30.17%，发展势头强劲。❶整体基础设施较为完善，在调查中，此项目的总得分为3.53，无论是市场变化方面，还是新成立公司在基础设施上的负担水平（此问题3.79分），专家们均给予较高的正向评价（见图3-8）。

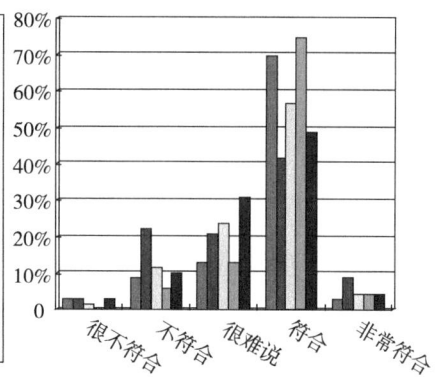

图3-8　基于GEM问卷的广西有形基础设施调查

（九）文化规范

文化规范主要衡量一个地区的整体社会文化对于个人努力行为的鼓励程度，以及人们对于创业的基本态度和对待风险、财富创造、失败的看法与倾

---

❶北部湾港务集团：多措并举　力争全年完成吞吐量1.8亿吨[EB/OL].（2018-01-02）[2018-12-15]. http: //m.xinhuanet.com/gx/2018-11/12/c_1123697682.htm.

向。历史上,广西先民是一个相当开放、善于进取的民族,孕育了勤劳实干的精神文化。广西先民早在3000年前,已经开辟了从南海北部湾为起点的"海上丝绸之路",将贸易路径拓展到了美洲大陆。近代以来,多重原因导致广西局部地区在经济社会发展上进步缓慢,长期闭塞之后,本地居民丧失了闯荡的勇气,逐渐变得"稍饱即安",成为社会文化的一个弱项。❶但从文化格局上来讲,由桂柳文化、粤客文化、壮文化融合而成的"广西文化",对于个人努力、自立和个人成就还是比较提倡的;对待创造创新与自我管理上基本上持肯定态度(评分为3.57、3.28);不能否认的是,广西文化在创业冒险上表现较为保守,小富即安的思想还比较普遍(见图3-9)。

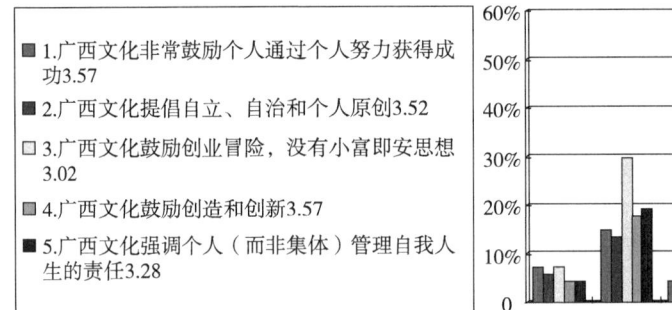

图3-9 基于GEM问卷的广西文化规范调查

## 三、广西创业机会和创业能力分析

广西具有较多的创业机会,这些机会多于人们所能利用的。过去五年(2012—2017年)中,广西GDP年均8.3%的中高速增长,高于全国平均水平,正加快追赶步伐。从西南边陲向我国对东盟开放合作的前沿和窗口转变过程中,北部湾经济区、西江经济带、桂西资源富集区三大经济板块共同发力,投资、消费增长迅速,正是创业机会涌现的时期。71.54%的专家认为,创办公司的好机会在过去5年内大量增长。在面对众多商业机会的时候,个人能否把

---

❶ 谢想.桂商研究问题与路径的讨论[J].东方企业文化,2012(10).

握机会是一个关键因素；同时，真正创办高成长型的公司的机会是不易确定的，轻而易举地成功创业并非易事，仅有约34%的调查专家认为"个人可以很容易把握创业机会""创办真正高成长公司的好机会相当多"（见图3-10）。

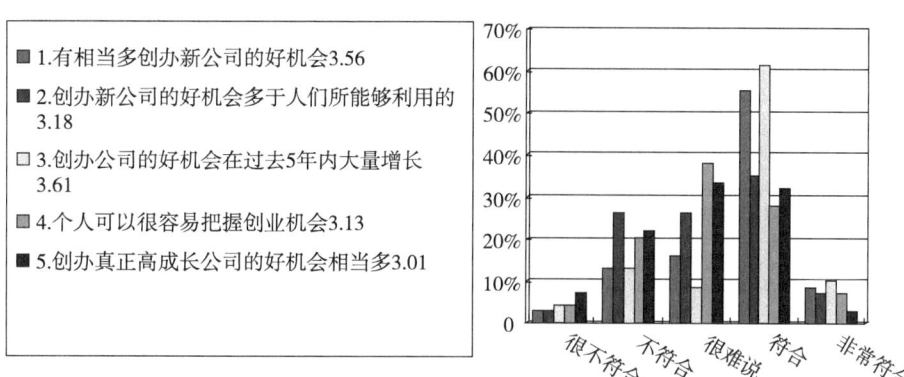

**图3-10　基于GEM问卷的广西创业机会调查**

创业能力主要包含创业技能和创业动机。客观而言，我国整体的创业技能普遍比较匮乏，广西作为一个开放较晚的自治区，技能方面也处于劣势。广西创业者的能力综合得分仅为2.82，属于负面评价（见图3-11）。对于"如何创办及管理高成长型的公司"，得分最低，表明在这方面的技能最为缺乏，82%的专家给予负面或不确定的评价。其次，在创办公司的经验上，自治区居民也比较缺少。另外，在创业机会识别和调动创业资源上，也表现得不够得心应手。

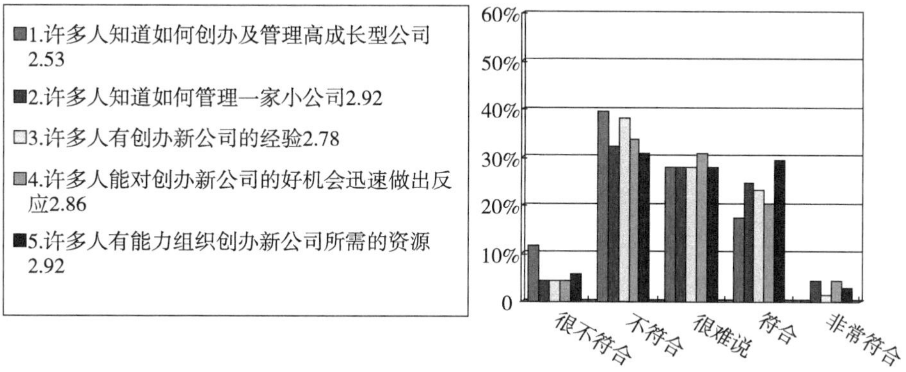

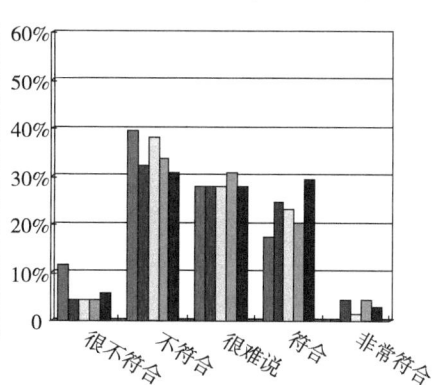

**图3-11　基于GEM问卷的广西创业者能力调查**

创业动机方面，广西具有较大的潜力和共识，总分为3.77（见图3-12）。

随着经济发展和价值观念的转变，在广西，创业普遍被视为一个致富的良好途径，86.57%的调查问卷认同此观点。成功的创业者享有较高的社会地位和威望，大多数人对创业作为一种职业选择有着较高的认同度（见图3-13）。创业典型在广西媒体和社会公共领域经常出现，并被人们看作能力和实力的代表（77.6%的专家赞同）。这种认同为创业者提供了广阔而肥沃的社会土壤，进而进一步激发整体社会的创业动机。

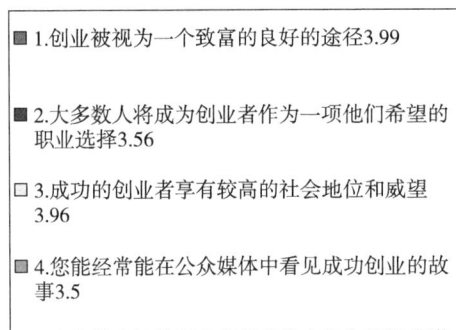
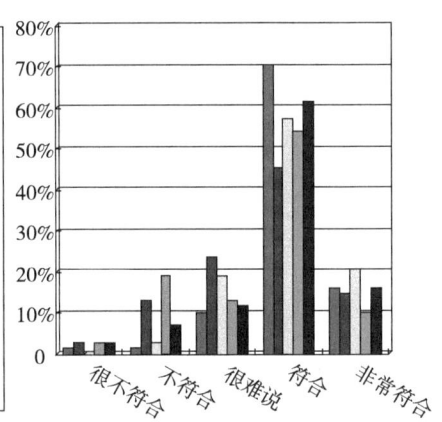

图3-12 基于GEM问卷的广西创业动机调查

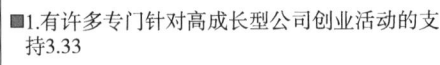
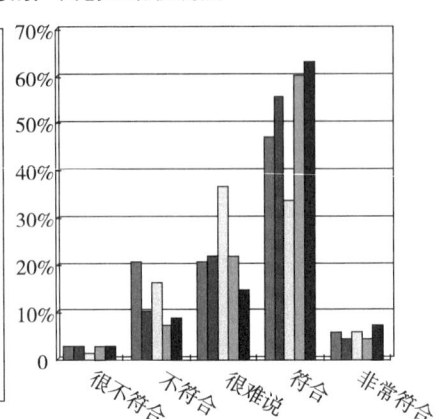

图3-13 基于GEM问卷的广西创业支持调查

## 四、广西创业环境总体评价

广西的创业环境当中，有形基础设施、文化规范、市场开放程度、政府政策、商务环境以及政府项目，得分高于3，属于肯定性评价，尤其是前三项，得分较高，属于优势方面；但金融支持、教育培训以及研发转移三项，得分均小于3，则属于负面评价，是自治区创业环境中的短板（见图3-14）。

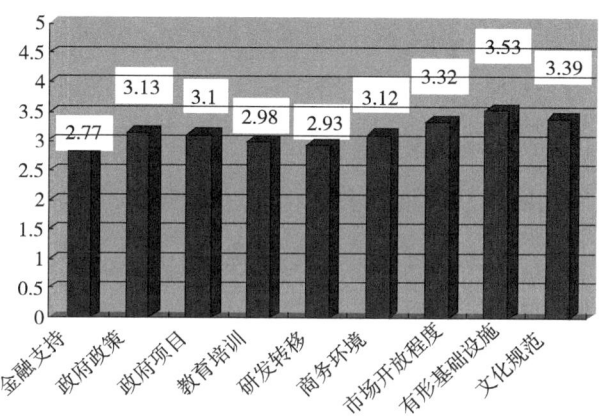

**图3-14 基于GEM的广西创业环境综合评价得分**

客观看待广西创业环境，还可以将其各项指标同中国平均水平和世界平均水平来比较。可以看出，在有形设施基础、商务环境、金融支持方面，广西不仅低于世界平均水平，也低于中国均值（见图3-15）。

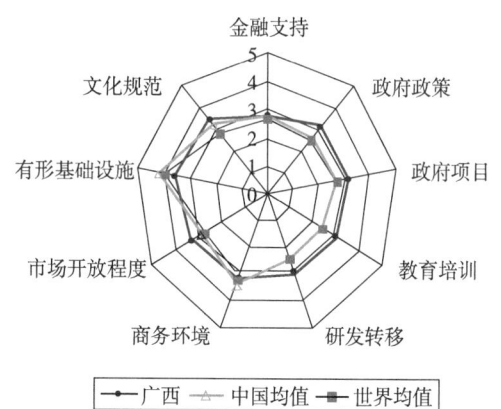

**图3-15 基于GEM的广西创业环境各项得分与中国、世界均值的比较**[1]

通过GEM模型来评价区域创业环境，不仅看大项评分，而且也要从子问

---

[1] 资料来源：广西的数据根据本次调研问卷调查结果整理而得，中国及世界均值数据来自《全球创业观察2016/2017中国报告》（清华大学，2018年1月）。

题上分析。在广西正面评价的项目中，政府政策虽然评价尚可，但是在对新公司获得政府许可证即办事效率方面、政府政策对新公司的优惠措施都显得较弱，这种情况在调查的开放式问题中也得到了印证，不少专家对政府办事效率和政策对新创立公司的支持并不满意。在教育培训方面，广西与其他地区的差距较大，基础教育传统薄弱，高等院校结合实际的课程和培训还不够丰富，职业教育尚处于较低层次。商务环境中，创立公司需要的相关产业链条——合适优秀的转包商、供应商和咨询服务机构，在广西都还需要大力发展和完善。另外研发转移中，广西新设企业自身创新能力不足，与成熟公司相比，也不容易接触到最新的技术成果，成果商业转化的成本也让很多新公司望而却步。尽管问题尚存，调研评分也有一些主观的因素，但总体而言，广西的创业环境在中国属于中等水平，尤其近些年改善速度很快，正在成为一块新兴的创业沃土。

## 第三节　广西创业扶持政策的回顾与现状

纵观十余年广西创业企业的发展史，自治区政府优厚的扶持政策支撑，发挥了重大作用。本节通过对不同时期的纵向回顾和目前政策的横向梳理，以深入了解广西创业政策的发展背景。

### 一、创业扶持政策的纵向回顾

(一) 自治区建立至1985年的政策真空期

中华人民共和国成立到改革开放之前的计划经济体制下，我国在所有制结构上，基本实行的是单一的公有制经济，国家总体上对个体和私营成分高度抑制，创业行为受到压制。这个阶段不提倡甚至不允许发展个体经济和私有经济，更不会出现创业活动。

十一届三中全会以后，中国的历史发生了具有深远意义的转折，实现了由计划经济体制向社会主义市场经济体制的伟大转变。经济发展成为中国的头等大事。随着以公有制为主体，多种经济成分共同发展的经济体制得到中央认可，一些零星的创业活动开始出现。

改革开放初期，由于设备老化、生产工艺和技术手段落后，广西大多数老企业产能较低，为此，对老企业进行技术改造成为这个时期的工作重点。"六五"计划期间，广西根据区情提出把有色金属和蔗糖等列为重点工业，开始逐步实施企业改制承包责任制。但是综观这一时期，我们不难发现，广西主要是利用资源优势，靠山吃山，靠水吃水，是粗放的能源驱动型发展模式，在创业政策层面，自治区政府并没有给创业者提供帮助和政策鼓励，多数情况下创业者依靠自身能力、自担风险地进行创业活动。

（二）1985—1998年偏向国有改制、科技型的政策

1984年10月，党中央召开中国共产党十二届三中全会（以下简称"十二届三中全会"），做出改革经济体制的重大决定。广西壮族自治区积极响应中央号召，把对内搞活、对外开放的基本方针落实到自治区的实际中，开辟了广西发展的新阶段。

1988年，中国共产党第十三次全国代表大会确立了"一个中心、两个基本点"的基本路线，并提出了分"三步走"的经济发展战略。自治区党委、政府根据中央精神，结合广西实际，指出要以桂东南沿海的改革开放带动整个广西经济的发展，做出了实施沿海发展战略的决定。这一阶段，以国有企业为主，同时鼓励集体和外资企业发展。

依据1992年年初邓小平南方谈话精神，党的十四大明确了社会主义市场经济体制的基本框架。1993年，原国家科委、原国家体改委出台了《关于大力发展民营科技型企业若干问题的决定》，鼓励和支持发展民营科技型企业，创业行为开始受到公共政策的广泛关注。

这个阶段，政策制定以原国家科委为主导，围绕服务经济建设展开，主要针对高新技术领域，服务具有科技发展实力的小型企业。包括广西在内的诸多

省区，先后出台关注高新技术产业的创业政策。

自治区党委、自治区人民政府提出了抓住机遇，加快发展，"大力实施西南出海大通道"建设，并在"八五"计划期末，提出了"三大战略""六大突破"的思路。

（三）1998—2008年关注民营、集体经济的创业政策

"十五"时期，广西壮族自治区经济发展很快，改革的步伐较大。民营企业已经成为发展壮大全区经济的一支生力军，特别是广西于1998年2月做出《关于贯彻落实党的十五大精神实现发展个体私营经济新突破的决定》之后，民营企业得到了快速发展，成为广西经济发展的新亮点，对广西经济发展和社会稳定做出了巨大贡献。2001年，自治区政府发布《广西壮族自治区人民政府关于营造良好政策环境大力发展个体私营经济的若干意见》（桂政发〔2001〕57号），对个体私营经济给予多方面的鼓励，在投资软环境、经费、技术、物资、财政贴息、信用等级评定、人才政策，以及经营领域和市场待遇上给了极具突破性的支持力度。

2004年4月22日，广西壮族自治区党委、人民政府颁布《关于加快民营经济发展的决定》（桂发〔2004〕16号），从市场准入、产业扶持、财税信贷和用地等多方面扶持民营企业加快发展。同日下发的《关于加快企业国有产权改革的意见》，为民营经济发展带来福音。2005年4月26日召开的"全区县域经济发展工作会议"，将民营企业作为下一步县域经济发展的主体。❶

这个阶段，广西壮族自治区政府的各部门相继出台各自职能范围内的创业支持支持，对社会的影响面逐步加大，采取的政策类型和方式也比较多样化。许多个体工商户和小型私营企业也被纳入了政策扶持范围之内。❷

2006年5月，自治区人民政府办公厅发布了《广西壮族自治区人民政府办公厅关于加快我区中小企业信用担保体系建设的意见》（桂政办发〔2006〕61

---

❶ 叶培宝.广西民营企业发展的政府行为研究[D].南宁：广西大学，2008.
❷ 吴俊伶.上海创业公共政策研究[D].上海：上海交通大学，2010.

号）；2007年5月，自治区人民政府发布《广西壮族自治区人民政府关于加快中小企业发展的若干意见》，广西在对中小型企业的资金支持、创业扶持、技术创新、市场开拓、社会服务等方面有了新的突破。

（四）2009—2012年全民创业阶段政策繁荣期

中国共产党第十七次全国代表大会报告明确提出要"促进以创业带动就业"，随后国务院办公厅转发人力资源和社会保障部等部门《关于促进以创业带动就业工作指导意见的通知》（国办发〔2008〕111号），全国范围内的创业扶持政策开始陆续出台。2009年1月和5月，《广西壮族自治区人民政府关于做好我区促进就业工作的实施意见》（桂政发〔2009〕3号）和《广西壮族自治区促进全民创业若干政策意见》陆续出台，这两个文件成为全区创业政策的引领性文件。

而后，自治区政府各部门在创业培训、高校毕业生创业、创业税收、创业融资和科技型创业等多个领域陆续出台了系列政策，创业扶持政策进入了繁荣期。2010年《广西人力资源和社会保障工作要点》中明确指出，要加快推动"以创业促进就业"系统工作，完善、改进、落实创业促进的具体举措。在创业培训、孵化器建设、中介服务以及小贷公司融资各个方面建立持续的稳定机制。围绕南宁、桂林等重点城市，打造"创业型城市"，树立典型，在全区推广创业促进工作的经验。

自治区各地市政府也陆续出台了系列政策文件和具体举措，落实创业促进就业的相关工作。例如，南宁在全民创业创新上，颁布了40余个政策和实施办法；玉林市2011年财政拿出6000多万元作为创业扶持专项资金，成立了多个创业支持基地，扶持中小微型企业。

（五）2012年以来创业政策深化发展期

十八大以来，广西对于创业政策的出台更加密集、精准化，除了按照中央统一要求贯彻的一些政策措施之外，更多地结合自治区实际情况，制定更为贴合自身需求和发展的政策。

落实中央措施的有《广西壮族自治区人民政府办公厅关于印发大力推进大众创业万众创新实施方案的通知》(桂政办发〔2015〕134号)、《广西壮族自治区人民政府办公厅关于印发广西强化实施创新驱动发展战略进一步推进大众创业万众创新深入发展实施方案的通知》(桂政办发〔2018〕14号)。

广西特色政策较有影响的是2017年9月出台的《广西壮族自治区人民政府关于做好当前和今后一段时期就业创业工作的通知》(桂政发〔2017〕48号)。该文件就做好就业创业工作提出11条新政策,在支持企业发展、推动大众创业、扶持高校毕业生就业等6大方面,给创业者和求职者带来更多实惠。其中,在推动大众创业方面,完成工商登记注册2年以内的各类经营单位均可申请入驻创业孵化基地,入驻后每新招用1名就业人员给予1年社会保险补贴;对自治区级创业孵化示范基地给予100万元奖补,对被认定为创业孵化基地的众创空间,给予2年的房租、宽带接入费补助。同样具有导向性的政策是2017年12月出台的《广西壮族自治区人力资源和社会保障厅 财政厅关于印发〈自治区级创业孵化示范基地认定办法〉的通知》(桂人社发〔2017〕67号)。

同时,关注大学生就业创业以及科技创新的政策也具有很强的现实意义,如《广西壮族自治区人力资源和社会保障厅等9部门关于进一步落实高校毕业生就业创业扶持政策的通知》(桂人社发〔2018〕28号)、《广西壮族自治区人民政府关于印发广西科技创新支撑产业高质量发展三年行动方案(2018—2020年)的通知》(桂政发〔2018〕51号)。

## 二、创业扶持政策的横向状况

2009—2018年,广西壮族自治区的创业扶持政策如雨后春笋,在自治区及其地市、县级层面都陆续出台,形成了目前的一个政策体系。表3-1以Lundstrom和Stevenson创业政策框架,列举若干政策,以供分析参考。

表3-1 基于Lundstrom和Stevenson创业政策框架的广西创业政策体系[1]

| 类别 | 具体支持领域 | 政策文件 |
|---|---|---|
| 开展创业教育 | 人才培训 | 1.关于加强职业培训促进就业的实施意见(桂政发〔2011〕66号)<br>2.广西壮族自治区创业培训基地认定管理办法(桂劳社发〔2008〕190号)<br>3.关于实施广西特别职业培训计划的通知(桂人社函〔2010〕598号)<br>4.关于印发广西壮族自治区新时期深化职业教育攻坚五年计划的通知(桂政发〔2012〕9号)<br>5.广西壮族自治区人民政府办公厅关于印发开展职业培训扶贫攻坚工程工作方案的通知(桂政办发〔2012〕49号)<br>6.广西壮族自治区就业专项资金管理办法(桂财社〔2010〕66号)<br>7.关于印发广西壮族自治区职业技能定点培训机构管理办法的通知(桂人社发〔2011〕91号)<br>8.广西壮族自治区人民政府办公厅印发关于进一步激励科技人员创新创业若干规定的通知(桂政办发〔2012〕283号)<br>9.广西壮族自治区退役士兵职业教育和技能培训办法(桂政发〔2018〕123号) |
| | 项目技能 | 1.广西创新计划(2008—2010年)的通知(桂劳社发〔2008〕28号)<br>2.关于开展乡村旅游从业人员职业技能大培训的通知(桂人社发〔2010〕16) |
| 减少进入障碍 | 税收减免 | 1.自治区地方税务局关于返乡农民工创业就业有关税收政策问题的通知(桂地税发〔2009〕15号)<br>2.关于贯彻落实自治区人民政府促进广西北部湾经济区开放开发若干税收优惠政策规定的通知(桂财税〔2009〕39号)<br>3.自治区地方税务局、自治区国家税务局关于支持微型企业发展有关税收优惠政策的通告(桂地税公告〔2011〕6号)<br>4.自治区金融办关于贯彻落实小额贷款公司发展意见税收减免政策有关问题的通知(桂金办函〔2013〕252号)<br>5.广西壮族自治区人民政府办公厅关于印发进一步减轻企业税费负担若干措施的通知(桂政办发〔2018〕50号) |
| | 注册登记 | 1.关于应对国际金融危机促进全民创业的若干意见(桂工商发〔2009〕28号)<br>2.广西壮族自治区工商行政管理局关于优化投资环境促进经济发展的若干措施(桂工商发〔2005〕185号)<br>3.《全区优化营商环境大行动三年实施方案(2018—2020年)》(桂政发〔2018〕128号) |

---

[1] 此表是根据广西近年来的创业政策梳理而成,因为涉及内容较多,每一类别仅举出几项政策供分析参考。

续表

| 类别 | 具体支持领域 | 政策文件 |
| --- | --- | --- |
| 减少进入障碍 | 综合便利 | 1.广西壮族自治区人民政府关于做好我区促进就业工作的实施意见(桂政发〔2009〕3号)<br>2.广西壮族自治区人民政府关于印发广西壮族自治区促进全民创业若干政策意见(桂政发〔2009〕41号)<br>3.关于印发2012年广西人力资源和社会保障工作要点的通知(桂人社发〔2012〕9号)<br>4.关于印发2012年广西就业工作要点的通知(桂人社发〔2012〕93号)<br>5.广西壮族自治区就业促进办法(政府令第47号)<br>6.广西壮族自治区人民政府关于广泛动员社会力量参与扶贫开发的工作方案的通知(桂政发〔2012〕24号)<br>7.广西壮族自治区人民政府办公厅关于印发大力推进大众创业万众创新实施方案的通知(桂政办发〔2015〕134号)<br>8.2017年9月出台的《广西壮族自治区人民政府关于做好当前和今后一段时期就业创业工作的通知》(桂政发〔2017〕48号)<br>9.广西壮族自治区人民政府办公厅关于印发广西强化实施创新驱动发展战略进一步推进大众创业万众创新深入发展实施方案的通知(桂政办发〔2018〕14号) |
| 创业融资 | 贷款 | 1.广西就业小额担保贷款实施管理办法(南宁银发〔2009〕64号)<br>2.南宁青年创业信贷扶持计划实施方案<br>3.关于印发《广西壮族自治区小额担保贷款担保基金管理办法》的通知(桂财社〔2011〕627号)<br>4.关于印发《广西就业专项资金有关补贴管理办法》的通知(桂财社〔2011〕213号)<br>5.关于印发《广西小额担保贷款实施管理办法》的通知(南宁银发〔2011〕54号)<br>6.关于做好小额担保贷款财政贴息资金管理工作的通知(桂财金〔2011〕9号)<br>7.关于做好2011年度小额担保贷款财政贴息资金清算工作的通知(桂财金〔2012〕7号)<br>8.关于实施"广西青年创业信贷扶持计划"的通知<br>9.关于印发《小额担保贷款财政贴息资金管理办法》的通知<br>10.关于进一步改进小额担保贷款管理积极推动创业促就业的通知 |
| | 基金 | 1.广西壮族自治区人民政府办公厅转发自治区金融办等部门广西壮族自治区创业投资引导基金管理暂行办法的通知(桂政办发〔2012〕113号)<br>2.广西壮族自治区人民政府关于印发2009年广西返乡农民工创业就业基金实施意见的通知(桂政发〔2009〕5号) |
| 商业环境支持 | 产业扶持 | 1.广西壮族自治区人民政府办公厅关于加快油茶产业发展的意见(桂政办发〔2009〕196号)<br>2.广西壮族自治区人民政府办公厅印发关于建设广西创意中心实施方案的通知(桂政办发〔2012〕260号)<br>3.关于印发发展家庭服务业厅际联席会议工作方案(桂人社函〔2010〕1276号) |

第三章 广西创业环境及扶持政策的现状分析

续表

| 类别 | 具体支持领域 | 政策文件 |
|---|---|---|
| 商业环境支持 | 创业园区 | 1.广西壮族自治区人民政府关于中国—马来西亚钦州产业园区开发建设优惠政策的通知》(桂政发〔2012〕67号)<br>2.广西人力资源和社会保障厅关于推进创业孵化基地建设进一步落实创业帮扶政策的通知(桂人社发〔2012〕59号)<br>3.广西壮族自治区人民政府印发关于促进糖果休闲食品产业发展的若干政策规定的通知》(桂政发〔2012〕83号)<br>4.广西壮族自治区人力资源和社会保障厅 财政厅关于印发〈自治区级创业孵化示范基地认定办法〉的通知(桂人社发〔2017〕67号) |
| 目标群体战略 | 农民、大学生、妇女、留学生、科技企业、中小企业等 | 1.关于开展农村计划生育家庭就业创业援助行动的通知(桂人社发〔2010〕82号)<br>2.关于实施2010高校毕业生就业推进行动的通知(桂人社发〔2010〕141号)<br>3.自治区政府做好高校毕业生就业的通知(桂政发〔2011〕79号)<br>4.关于印发《高校毕业生到广西农村基层支农、支医、支教和扶贫工作管理办法》(桂人社发〔2011〕80号)<br>5.关于做好妇女创业就业小额担保贷款有关工作的通知(桂人社办发〔2010〕259号)<br>6.柳州市促进普通高校毕业生就业实行岗位补贴的实施意见(柳政发〔2009〕17号)<br>7.广西壮族自治区人民政府办公厅关于加强退役士兵职业教育和技能培训工作的通知(桂政办电〔2012〕57号)<br>8.关于大力发展微型企业的若干意见(桂政发〔2011〕21号)<br>9.关于印发广西壮族自治区微型企业创业培训管理办法(试行)的通知(桂人社发〔2011〕136号)<br>10.关于推动产业转移升级攻坚战中为关停并转企业职工和失业人员提供公共就业和社会保障服务有关问题的意见(桂政办发〔2012〕48号)<br>11.自治区党委办公厅、自治区人民政府办公厅印发〈关于深化科技体制改革加快广西创新体系建设的实施意见〉的通知》(桂办发〔2012〕41号)<br>12.关于成立中国留学人员回国创业专家指导委员会的通知(人社厅发〔2011〕1号)<br>13.广西壮族自治区人力资源和社会保障厅等9部门关于进一步落实高校毕业生就业创业扶持政策的通知(桂人社发〔2018〕28号)<br>14.广西壮族自治区人民政府关于印发广西科技创新支撑产业高质量发展三年行动方案(2018—2020年)的通知(桂政发〔2018〕51号) |

（一）具有指导性、全局性的重大创业扶持政策

《广西壮族自治区促进全民创业若干政策意见》是创业政策中较为典型的一份意见，该文件借鉴了一些其他相对成熟省区市的经验。文件中的一些措

施，极大地推动了创业活动的活跃。一是支持自主创业、自谋职业。尤其是帮助下岗失业人员、高校毕业生、回国留学人员、回乡农民工、复员退伍军人等创业工作。二是改善创业环境，以创业带动就业。例如，在资金、财税等方面采取一系列相应的措施，加大财税金融等政策扶持力度，引导和鼓励社会资金投入。三是设立专门的创业基金，加大创业帮扶力度。四是降低创业门槛。放宽准入领域、经营范围；在工商登记上，推进工商注册制度便利化等。强化创业教育培训。通过支持劳动者创办中小企业来扩展创业门路，加强创业教育与培训，改变创业意识，努力培养更多的自助创业者，并努力宣传创业成功的经验。

2017年9月，广西出台《广西壮族自治区人民政府关于做好当前和今后一段时期就业创业工作的通知》，就做好就业创业工作提出11条新政策，在支持企业发展、推动大众创业、扶持高校毕业生就业等6大方面，给创业者和求职者带来更多实惠，执行期限至2020年12月31日。具体举措有：一是在推动大众创业方面，完成工商登记注册2年以内的各类经营单位均可申请入驻创业孵化基地，入驻后每新招用1名就业人员给予1年社会保险补贴；对自治区级创业孵化示范基地给予100万元奖补，对被认定为创业孵化基地的众创空间，给予2年的房租、宽带接入费补助。二是就业困难人员和毕业5年内的高校毕业生首次在自治区内创办小微企业并正常经营1年以上的，可获得5000元的一次性创业补贴。三是在扶持高校毕业生就业方面，对吸纳毕业年度高校毕业生就业并签订1年以上劳动合同、依法缴纳社会保险费的小微企业或社会组织给予1000元/人的一次性吸纳就业补助；鼓励未就业的毕业生参与就业见习实践活动，将见习对象范围进一步扩大到离校2年内未就业的高校、中职毕业生和完成中期就业技能培训的建档立卡贫困家庭未继续升学的初、高中毕业生，见习补贴标准提高至每人每月1200元。见习期满留用率达50%的，补贴标准进一步提高至每人每月1500元。对高校毕业生就业见习国家级示范单位的给予20万元的一次性奖补。四是在推进就业扶贫方面，鼓励企业吸纳建档立卡贫困劳动力就业，可按规定给予最长可达3年的社会保险补贴，并按其实际吸纳贫困劳动力就业数量按1000~1600元/人的标准给予一次性带动就业奖补；对在乡镇（村）创建就业扶贫车间、加工点并与建档立卡贫困家庭劳动力签订劳务协议或承揽合同的生产经营主体，可按规定给予1000元/人的一次性带动就业奖补。

（二）典型的配套扶持政策体系初步成型

在配套扶持政策方面，金融、财政补贴、培训、税收等领域，都形成了一定的基础，与综合性创业政策相配合，渐成体系。

逐步扩大金融扶持力度，多渠道突破企业融资瓶颈。自治区政府和相关金融机构先后出台了多项金融鼓励扶持措施，以《广西小额担保贷款实施管理办法》为代表，内容包括财政贴息、贷款担保基金、专项信贷计划等政策。柳州市为鼓励更多有创业意愿的人员实现创业，积极改革小额担保贷款方式，总结出"两取消+扶持+奖励"的办法。针对合伙创业的高校毕业生，贷款最高金额增加了5倍，达到了100万元。同时，对于经办的街道和社区按当年实际发放贷款金额1%的比例给予奖励性补贴。桂林市广泛推行联保、无抵押、诚信担保等贷款方式，两年内增长了近5倍。

不断创新培训模式，提升创业者创业技能与素质。授人以鱼不如授人以渔，自治区政府清楚地认识到创业者自身素质和能力是解决问题的关键，在对创业者培训方面采取了多项措施，以提升创业者的自身能力。一是扩大培训规模，提高培训质量。2017年，全区参加政府财政补贴的各类职业培训114673人，培训后实现就业和创业人数分别为37411人和4478人。二是充实培训师资队伍，提升创业教育培训质量。为了激起了全区创业者的创业的激情，进一步推进创业培训工作，加强创业培训师资力量成了工作的重点。不断扩大师资培训规模，仅在2017年一年内，自治区政府先后举办的师资培训班、提高班达10期之多。据统计，目前全区创业培训教师队伍共有3000余人，主要来自高校教师和企业家和职业经理人等。各地市也非常重视创业培训工作。为了把创业教育培训工作落到实处，柳州市出台了相关政策文件，如创业培训机构和创业培训质量管理办法等，聘请400多名专家担任就业和创业指导老师，此外还建立了创业指导专家诊室，帮助创业者解决各种疑难杂症。据了解，柳州市2017年举办各类创业者创业培训班900多期，组织了230多场创业指导专题讲座，全市一共有35000多人参加培训，有4500多人实现自己创业。桂林市为了加大创业培训师资队伍建设，积极推动高等院校和民间教育培训机构等社会优质教育资源参与创业培训，不断强化创业培训组织机构，出台了桂林市创业培训管理办法等，把桂林旅游高等专科学校等单位为作为桂林市创业培训定点培训机构。此外，还非常重视培训师资队伍建设。通过经推荐、考核和选拔等方式，在现有创业培训教师中挑选出一些的优秀人员进行再培训。经过严格筛选与培养，目前已经组建了一支由60多名高素质的创业指导专家组成的队伍，保证了当地创业培训工作的积极顺利开展。三是扩大培训范围，惠及多类创业群体。整合创业培训资源，扩大培训范围，把原来主要是面向企业下岗职工和城镇失业人员的创业培训，逐步扩大到高校毕业生、失地农民等五类有创业意向和培训需求的人群，实现创业培训的全覆盖。❶

实行税费优惠、减免政策，降低创业成本。对创办高新技术企业的税费优惠政策规定，如果创业者是以自有专利技术进行创业的，从项目取得营业收入年份算起，3年内免征地方分享部分企业所得税。此外，为了鼓励科技人员、转业复员退伍军人、留学归国人员、机关工作人员及事业单位技术人员、高校毕业生、农民、下岗职工等创业，自治区政府也出台了相关的税费优惠政策。相关文件规定，除了国家明确规定的行政事业性收费项目外，自治区免收设立的管理类、证照类和登记类等有关行政事业性收费项目。这一系列政策措施的出台，有利于降低创业成本、减轻企业的负担，有助于创业者的成功创业。

---

❶ 广西壮族自治区人力资源和社会劳动保障厅.创新驱动全民参与，努力开创创业促就业工作新局面[EB/OL].（2013-04-09）[2018-12-11].http://www.liuzhou.gov.cn/wsbs/ztfw/jiuyly/xwdt/201304/t20130409_579652.htm.

另外，自治区对微型企业、中小企业、科技和创新方面都有较为全面的政策，例如，2018年8月发布的《关于深化广西小微企业金融服务有关政策措施的通知》，2012年11月《关于深化科技体制改革加快广西创新体系建设的实施意见》，2018年的《广西壮族自治区人民政府关于印发广西科技创新支撑产业高质量发展三年行动方案（2018—2020年）的通知》（桂政发〔2018〕51号）。❶

（三）一些地区、城市和园区的创业扶持政策崭露头角

20世纪80年代末，广西实施"科教兴桂"战略，21世纪西部大开发逐步推进，在这个过程中，桂林、南宁、柳州、北海新区在创业和经济发展上走在了广西的前列，也形成了一系列地方性的创业扶持政策。

南宁在完善创建国家级创业型城市政策体系方面，位居自治区前列。要建设成为国家级创业型城市，没有良好的政策体系是不可能实现的，建设政策体系是首要任务和重中之重。为给创业者营造良好的创业氛围，培育创业者的土壤，南宁市委、市政府打破传统思维藩篱，积极改革、勇于创新，在构建创业扶持政策体系方面，紧紧围绕全民创新与全民创业的主题，先后出台近50个调动创业积极性、促进创业的政策性文件，内容涉及招商引资、创业补贴、优惠税费、金融服务等多个方面。而调整、修改和完善的政策有20多个，形成了一个较为完善的促进创业政策体系。为给创业者提供一个良好的创业环境，市委、市政府还出台一些用于消除创业壁垒、降低创业门槛、促进中小企业融资的一系列措施。各级各部门在条件允许的情况下，可以自主选择企业组织形式，鼓励和引导各类资本在不同行业间的合理流动；在管理上放手，各级各部门根据工作需在一定范围内可以自行决定自己负责；在政策上放开，要摒弃姓"公"与姓"私"区别对待的旧思想，要一视同仁，要打破垄断，给民营企业

---

❶ 自治区人力资源和社会保障厅举行2017年度广西人力资源和社会保障工作新闻通报会[EB/OL].（2018-06-11）[2018-12-11].https：//www.gxhrss.gov.cn/gxrst2018xwdt/xwdtxwfbh/201806/t20180611_86651.html.

的发展创造公平竞争的良好环境。

此外，作为国家级开发区的南宁高新开发区，也出台了较多的针对创业的优惠政策，主要体现在创业补助、税费减免、贷款融资等一系政策优惠上。南宁高新区对留学归国人员以及高新技术人才极为重视，并针对这类人员出台了相关的扶持政策，如凡是在高新区企业工作任职并且获得本科学历以上和学士学位以上的人员，均可入户南宁；凡在高新区机关或直属企事业单位工作并具硕士以上学位的人员，一次性给予安家费2万元；凡在高新区机关或直属企事业单位工作并具博士以上学位的人员，一次性给予安家费5万元。❶为了确保政策能够落实到位，各级各部门准确把握政策，增强广大群众的创业意识，有效促进民众的创业热情，推动以创业带动就业工作的开展。

玉林市促进全民创业独具特色。2016年以来，玉林市工商部门持续推进各项制度改革，掀热潮，新增市场主体同比增长69.3%。玉林市工商部门深化商事制度改革，全力推进"大众创业、万众创新"工作，简政放权，优化服务，积极打造良好的创新创业生态环境，推动新一轮全民创业的热潮。据统计，2017年玉林市场主体大幅增长，新发展内资企业、私营企业、个体工商户、农民专业合作社等各类市场主体2.89万户，新增市场主体同比增长69.3%。目前，玉林市的市场主体总数已达到18万户。商事制度改革的深化推进，为群众敞开了创业大门。玉林工商部门扎实推动放宽公司注册资本登记条件、公司注册资本认缴登记、"先照后证"、企业年度报告公示、"三证合一""一证一码"等改革政策落地生效，进一步降低市场准入门槛，为市场松绑，释放改革红利。同时，针对群众在创业过程中遇到的实际困难，玉林市工商部门积极为群众创业排忧解难，提高创业的成功率。通过开展"全民创业大走访"活动，深入了解创业群众遇到的困难和问题，实行"点对点、面对面"帮扶。据统计，2017年玉林市工商部门共组织1500多人次深入1000多家企业、农民专业合作社、家庭农场、个体工商户中开展帮扶工作，共为业主解决经营

---

❶ 南宁高新技术产业开发区管理委员会网站，http://www.nnhitech.gov.cn/。

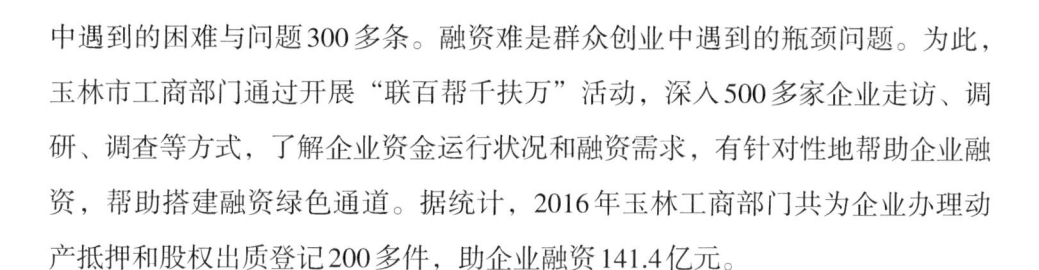

中遇到的困难与问题300多条。融资难是群众创业中遇到的瓶颈问题。为此，玉林市工商部门通过开展"联百帮千扶万"活动，深入500多家企业走访、调研、调查等方式，了解企业资金运行状况和融资需求，有针对性地帮助企业融资，帮助搭建融资绿色通道。据统计，2016年玉林工商部门共为企业办理动产抵押和股权出质登记200多件，助企业融资141.4亿元。

柳州高新技术产业开发区"双创"特色凸显，2018年获批为国务院打造的第一批"双创"升级版项目。全国第一批共有99个"双创"升级特色载体，入围该项目的还有南宁高新技术产业开发区和桂林经济技术开发区。2018—2020年，广西上述3个园区将获得不超过5000万元，合计获得不超过1.5亿元的中央专项资金扶持。柳州作为全国小微企业"双创"基地城市，一直努力推动"双创"实现高质量发展。目前，柳州高新区在165家国家级高新区中，综合排名45位，保持在国家队第一梯队。曾荣膺全国"十佳最具投资竞争力园区"，成为国家小微企业创业创新示范基地等，并成为粤桂黔高铁经济带合作实验园广西园的主战场。截至2018年6月，柳州高新区年度新增小微企业680家，营业收入总额达到3800亿元；新登记注册市场主体1203户，新增高企59家，2017年实际完成小微企业技术合同成交额16773万元，较上年同期增长59.94%，小微企业拥有授权专利617项，较2015年增长114%。全区众创新增空间14家，其中国家级众创空间2家；新增科技孵化器8家，其中国家级1家；新增小微企业公共服务平台17个……"双创示范"空间载体建设任务超额完成预期任务目标。柳州高新区通过创建大学生创业园和留学生创业园，共建上海漕河泾柳东创新创业园和柳东新区机器人产业孵化器等，"内整、外引"优化双创生态环境；着力打造柳州市柳东新区农民创业孵化基地，以"创业+孵化"激发大众创业活力；通过财政出资引导、拉动社会资本参与，柳东工商推出众创空间"集中登记"等，营商环境不断优化；通过率先开展创业创新券服务工作、搭建柳州国家高新区小微企业综合金融服务平台、举办双创活动等，创新服务模式，创新创业活力不断被激发……凭借亮点凸显、含金量高的"双

创"特色经验，柳州高新区脱颖而出。❶

  从总体情况来看，特色创业园区的数量也在不断增加。2015年年初，南宁投入资金2000万元建立"南宁高新区大学生创业基地"，吸引了大批高校毕业生前来创业；为了给更多的妇女和失业人员提供全方位的创业平台，南宁市还打造妇女服务产业就业创业孵化基地、建立八条"创业街"，引导安置当地妇女就近就地灵活就业。柳州市作为一个传统的工业城市，在社会改革与发展过程中，下岗和失业问题突出，为了解决当地失业问题，实现更多的创业带动就业人员，市政府也积极建立各类创业示范基地、创业孵化基地。❷

---

  ❶ 柳州日报.国务院打造首批"双创"升级版项目　柳州高新区榜上有名.国务院打造首批"双创"升级版项目[EB/OL].（2018-11-14）[2018-12-11].http://www.sme.gov.cn/cms/news/100000/0000000059/2018/11/14/f8b7da04a08540a9bdbd83c6a83e4739.shtml.

  ❷ 广西壮族自治区人力资源和社会劳动保障厅.创新驱动全民参与，努力开创创业促就业工作新局面[EB/OL].（2013-04-09）[2018-12-11].http://www.liuzhou.gov.cn/wsbs/ztfw/jiuyly/xwdt/201304/t20130409_579652.htm。

# 第四章 广西创业扶持政策创新的基础与机遇

广西创业活动的硬件基础良好，区位、自然资源、人力资源、文化氛围、产业基础等都具有一定的优势。

## 一、创业及其政策基础良好

（一）创业创新的优势

1.区位优势

广西壮族自治区地理上位于我国版图的西南部，东邻经济强省广东省，南部是北部湾海域，处于我国华南地区、西南地区与东盟国家的交界部位。整个自治区具有"三沿"特征——沿江、沿海、沿边。作为中国与东盟的贸易区核心地带，其桥梁和纽带作用均与地理区域优势密切相关。

广西壮族自治区已发展成全国口岸大省，截至2018年6月，拥有国家一类口岸21个、二类口岸4个，陆地边境口岸12个；高速公路总里程突破5000公里，地级城市实现了高速公路全覆盖，89%的县通高速公路。区域内航空业发达，以南宁、桂林等5个大型航空港为基地，拥有国内、国际航线一百多条，半日内直航许多东南亚诸多国家的大城市。南宁、桂林等5个大型航空港口，拥有一百多条国际和国内航线，空运能力得到充分保障。近年来更是大力发展民用航空业，以此拉动贸易、旅游等产业高速发展。

广西壮族自治区沿海港湾众多。钦州港在孙中山先生的《建国方略》中被列为南方第二大港，广西沿海正在打造大型港口群，防城港与钦州港、北海港等港口都将达到万吨级以上。西江航道，从南宁以下可通千吨级货船，将加强整个西南与广东的经济联系，尤其是港澳回归祖国后，广东沿海城市和港澳地区将在我国的南部形成一个重要的国际经济贸易和金融中心。利用沿江的水道优势，积极与港澳地区和广东经济圈对接，对自治区本身的发展意义重大。

广西边境有八个县（市）与越南接壤，边境口岸12个，25个边境贸易点。独特的区位地理优势，凸显了广西的通道优势，广西也因此被称为祖国的南大门。

2. 资源优势

（1）水能资源。广西河流众多，水能资源十分丰富，全区境内有大小河流937条，地表河流总长3.4万公里，常年径流量约1880亿立方米，约占全国地表总量的6.4%，居各省区市第四位。红水河被誉为中国水电的"富矿""能源的宝库"，是国家级重点水电项目，也是"西电东送"的枢纽所在。

（2）农业资源。广西物产丰富，主要盛产热带水果、蔬菜、甘蔗、松香、海产品等。广西水果栽培面积1700多万亩，名列全国前列。

（3）海洋资源。北部湾面积达到12.8万平方公里，占广西陆地面积50%以上，因此，海洋资源非常丰富。

（4）旅游资源。广西有国家级旅游景点22个，省级旅游景点260个。素有"桂林山水甲天下"之美称的桂林景区，是我国四大旅游胜地之一。生态民俗文化旅游区，主要以金秀大瑶山、宜州刘三姐故乡为代表；然后是跨国边关风情旅游区和北部湾滨海旅游，以德天跨国大瀑布、北海银滩为主；桂东南历史文化名胜自然生态旅游区，包括陆川温泉、贺州姑婆山等。

3. 产业优势

（1）制糖工业。广西制糖业非常发达，制糖工业在国民经济中具有举足轻重的地位。全区甘蔗种植面积占耕地面积的近三分之一。广西崇左市人均蔗糖产量连续14年居全国第一，被誉为"中国糖都"。近年来，广西制糖工业加快发展转型的步伐，延长糖业产业链，大力发展上下游产业。建立"中国糖城"，引进一大批具有技术、市场优势的企业进驻，使资源优势向产业优势转移，进一步做大做强广西糖业。

（2）电力工业。广西正在加快大型电源项目建设，如永福电厂扩建、桂东电厂等，总装机超过1000万千瓦。到2017年，水电装机容量1496.8万千瓦，水力发电量611.3亿千瓦时。近年来广西水力发电量始终保持在全国前五名之内。伴随着广西电力工业的进一步发展，广西正逐渐成为"西电东送"的"黄金电源"基地。❶

（3）机械工业。作为传统优势产业，广西的机械行业已培育形成了一大批有竞争实力的大型企业集团。如广西柳工，为世界工程机械50强企业（排名第18位），是全国装载机行业的龙头企业，其轮式装载机、路面机械、全液压履带式挖掘机、起重机、推土机等方面是我国的领跑者，产品远销国内外。

（4）汽车工业。汽车工业是广西支柱产业。不论是微型汽车，还是轮式装载机和多功能乘用车等，其诸多产品在市场上很受欢迎，占有率居全国首位。国内主要的汽车企业，如中国一汽、上汽、东风等，以及美国通用、韩国大宇等都在自治区建立了制造基地。2017年柳州汽车产量达到253.5万辆，占全国比重的8.7%，稳居国内汽车产量排名前三。

（二）创业的软实力

1.人力资源优势

广西壮族自治区总人口有5600多万人口，少数民族人口2000多万（壮族1800多万），是全国少数民族人口最多的省区。截至2018年年初，广西各级各类教育改革和发展取得了显著成就。从学校规模看，全区有各级各类学校22809所。其中，中等职业学校271所，高等学校80所。从学生数量看，全区有各级各类教育在校生1164.52万人。中等职业学校68.68万人（不含技工学校学生），高等教育在校生114.86万人。从教育指标看，2017年，高中阶段教育毛入学率达到88.5%；高等教育毛入学率达到35.9%，比2013年增长了10.9个百分点。普通高中、中等职业教育、高等教育事业均呈现较快发展势头。

---

❶ 广西发电装机容量首破3000万千瓦大关[EB/OL].（2013-02-22）[2018-12-11].http://politics.people.com.cn/n/2013/0220/c‐1456220543006.html.

高等教育大众化和内涵发展水平加快提升。2017年年底，全区共有高等学校80所，高等教育在校生114.86万人，是自治区成立之初的98.7倍。出台《关于全面提高高等教育质量振兴广西高等教育的若干意见》《关于深化高等教育综合改革的意见》及深化创新创业教育改革等系列政策文件，实施高等教育特色化上水平工程和高等教育强基创优计划，推动高等教育办学实力进一步增强。加强现代大学制度建设，推进全区高校落实依法办学，完善高校内部治理结构，促进高校规范管理，加快推进"双一流"建设。广西大学入选世界一流学科建设高校、广西大学土木工程学科入选世界一流学科建设名单，自治区认定34个广西一流学科建设名单、25个广西一流学科（培育）建设名单。

广西教育事业的蓬勃发展，培养了大量经济社会建设人才，为未来自治区经济的持续发展和社会活力打下了良好基础，非常利于促进全区民族团结、科技进步和经济社会的发展。

2.文化优势

广西历史悠久，文化积淀深厚，具有丰富的传统文化资源。广西文化具有中原文化和汉文化因素，具有岭南文化和地方民族文化的特色，还拥有中华文化与东南亚文化的交融成分，文化辐射范围广阔。目前广西壮族自治区非常重视文化产业发展，面临大好机遇，加快实施四大发展战略，进一步发挥广西的文化聚集优势。其一，大力发展文化产业的"产业化战略"。以文化艺术业为核心，以打造特色品牌，发展文化艺术业、广播影视业等，壮大整体实力。其二，对于民族文化，主要是处理好开发与有效保护的关系。将民族文化资源的市场推广和宣传作为重点，通过市场增强对这些传统特色的保护能力，可以说是一举两得。其三，在文化对外战略上，抓住东南亚的区位资源，加快文化相关产业的贸易速度，例如借助"中国-东盟博览会"，大力实施"国际化战略"。其四，以旅游业带动文化发展的"旅游促进战略"。把旅游业纳入整个文化建设的大盘子里运作，以文化旅游业促进整个文化产业的发展。

## 第四章　广西创业扶持政策创新的基础与机遇

### （三）自治区政府重视创业，涉及部门、机构较为全面，职责明晰

从前述第二节的广西创业政策横向状况中，我们可以了解到，自治区政府对创业及政策制定方面是非常重视的。自治区政府不仅适时制定出台了一系列综合性、全局性的创业政策，而且在不少专业领域也出台意见，强化创业地位，促进创业政策在全区的推广、落实。自治区人力资源和劳动保障厅在就业、职业培训、创业帮扶等方面，出台大量文件，仅次于自治区政府；自治区财政厅在财政、行政事业性收费方面、自治区税务局在税收方面、自治区金融办在小额贷款等金融支持方面、自治区工商局在注册登记及创业环境方面、中国人民银行南宁中心支行在金融监管和创新方面等，涉及创业活动环节的各个部门和相关机构都积极履行职责，在各自权责范围内为创业活动提供政策扶持。这个良好的分工与合作基础，有利于下一步在创业扶持政策上继续创新、完善。

### （四）政策体系渐已成型，奠定了良好的基础

毋庸置疑，广西壮族自治区的创业扶持政策虽然起步较晚，但从全民创业时期到大众创业万众创新时期，再到今天，形成了一个初步成型的体系。在综合性、全局性的政策文件上，以《广西壮族自治区人民政府办公厅关于印发大力推进大众创业万众创新实施方案的通知》（桂政办发〔2015〕134号）和《广西壮族自治区人民政府关于做好当前和今后一段时期就业创业工作的通知》（桂政发〔2017〕48号）为引领，为广西创业扶持政策构筑了整体的布局与蓝图。按照Lundstrom和Stevenson创业政策的基本框架，自治区在创业教育（包含人才培训、项目技能）、减少进入障碍（税收减免、注册登记）、创业融资（贷款、基金）、商业环境支持（产业扶持、创业园区）、目标群体战略（农民、大学生、妇女、留学生、科技企业、中小企业等）方面都出台了大量的政策措施，其内容涵盖创业活动或创业经济发展所需的基本条件。因此，广西创业扶持政策的雏形已经展现出来，如何精耕细作，结合当前创业发展的需要，创新、探索政策的定位和细节，成为未来创业政策制定者的主要任务。

## 二、政策创新的机遇

(一) 广西正处于跨越式发展阶段,创业机遇难得

"十三五"时期是广西壮族自治区贯彻"四个全面"战略布局、落实"三大定位"新使命、实现"两个建成"目标的关键期。当前和今后相当长一个时期,广西将面临重大发展机遇。经济全球化和区域经济一体化进一步深入发展,科技创新不断加快加,国际分工格局有利于我国。西部大开发深入推进,中国-东盟自由贸易区的全面建成,为我区加快把区位优势、资源优势转化为竞争优势创造了很好的条件。我们必须深刻认识国内外环境的新变化,准确把握发展的历史方位和阶段特征,抓住用好重大战略机遇,加快创新创业,促进经济社会持续健康发展。❶

近5年来,广西壮族自治区经济增长速度惊人,经济实现年均8.3%的中高速增长,地区生产总值、全社会固定资产投资、金融机构存贷款余额均突破2万亿元。财政收入达2604亿元,年均增长7.5%。城镇化率49.2%,提高5.7个百分点。广西的发展进入一个新阶段,经济社会转型加速,工业化进入中期阶段,城镇化不断推进,居民消费持续升级,投资领域和空间更加广阔,区域产业发展中新的增长点不断涌现,正处于跨越发展的新起点。

近5年来,自治区的发展趋势实现了诸多转变。将我区西南边疆的区位转变成对外开放的前台和纽带;经济实力快速增强,进入了万亿元俱乐部;工业化进程加快,已经进入中期阶段;交通大发展,海上、河道、公路、航空都成为大通道的重要组成部分;经济发展方式由粗放、高耗能向绿色环保的健康方式转变;人民的生活水平日益接近小康社会,未来市场总量不断扩大。❷迅猛发展的经济、社会、文化,以及工业化、城镇化的加速,为创业经济缔造了广

---

❶ 广西壮族自治区国民经济和社会发展第十三个五年规划纲要[EB/OL].(2016-04-13)[2018-12-11].http://www.gxdrc.gov.cn/zwgk/wjgg/201604/t20160413_675577.html.

❷ 2013年广西壮族自治区人民政府工作报告[EB/OL].(2013-03-13)[2018-12-11].www.gxzf.gov.cn.

阔的市场和消费能力，也缔造了大量的创业机会。

（二）西部大开发等政策的密集扶持，处于多重优惠政策的叠加期

广西在国内发展政策机遇非常宝贵，处于多重优惠政策的叠加期。就宏观政策层面而言，有"西部大开发""兴边富民行动""扶持人口较少民族发展规划"等一系列中央较长时期的扶持政策，沿海地区开放政策，还有《国务院关于进一步促进广西经济社会发展的若干意见》《广西北部湾经济区发展规划》等系列政策。在创业方面，2017年自治区的系列政策也是创业的强大动力。因此，在创业政策方面，可谓有着中央扶持、专门规划布局和自治区政策体系的基础，正是下一步创业扶持政策创新和创业活动活跃的大好时期。

（三）中国-东盟桥头堡的外部地位逐步凸显

中国与东盟将全面深化战略合作伙伴关系，尽管国家是实施中国-东盟合作战略的主体，而地方政府则是这个战略的执行者和落实者，根据自己的区域特色开展相应的对外交流活动，也是本身应有的义务。

广西是中国唯一与东盟国家海陆相连的省区，是中国与东盟的合作前沿、陆海边境生命线和战略要地，是距离中国经济安全最近的省份。中国与东盟的重要战略关系，及中国与东盟边境所面临的诸多复杂问题，注定了广西在中国-东盟合作中的重要的战略作用。

首要的战略地位来源于广西周边首要区位，就是服务国家外交战略，实施兴边富民，促进沿边开放开发，保障广西边境线成为安全稳固的生命线；担当中国与东盟合作的重要平台，进一步拓宽、畅通"南宁渠道"；让中国与东盟经济合作的各种要素在广西充分集聚和扩散，将广西建设成国际区域合作新高地。因此这种外部地位的凸显，有利于自治区创业要素的活跃。❶

---

❶ 广西壮族自治区人民政府发展研究中心.2011年广西发展报告［M］.南宁：广西人民出版社，2012.

# 第五章 国内典型地区创业扶持政策的启示

## 第一节 比较发达地区创业扶持政策

我国不同地区的地方政府在创业扶持政策的制定和实施上，有着各自的特色和路径。有的地区创业活动活跃，创业经济较为发达。对这些地区创业政策现状和发展方向的了解，有助于我们在广西壮族自治区思考创业政策的下一步探索。

### 一、北京创业扶持政策

北京在创业方面的优势是成熟。作为中国的首都、国家中心城市，北京是经济密集、科技密集、知识密集、人才密集型城市，是中国金融业最具影响力的金融中心区，北京金融街成为中国的金融决策监管中心。北京是有着三千多年历史的古都，历代的风雨造就了北京市民深厚的文化底蕴和大都市气质；教育资源丰富，劳动力的智力和文化程度非常高，科研力量在全国排名第一。

从创业活动上来说，无论传统经济，还是创新性较高的科技型企业，在北京都比较活跃。近年来，北京市为促进创业出台了一系列政策，这里我们仅列举一些比较具有特色的创业政策领域。

（一）中关村自主创新示范区成为北京乃至全国的创业典范和政策高地

北京的中关村是全国最好的一个创业之地。中关村原来是在海淀，现在扩展成一区十六园，在各个城区都有落地。这跟北京市的政策扶植是分不开的。中关村科技园区规划面积和规划区域的实体存在都离不开国家政策的大力支持。

中关村国家自主创新示范区的产生。中央政府对中关村关注较早，早在1988年5月，已经获国务院批准设立了"北京市新技术产业开发试验区"，它的定位是以电子信息产业为主导，集科研、生产、经营、培训和服务等为一体的综合性基地；1999年6月要求加快建设中关村科技园，这是中国政府增强我国创新能力和综合国力，实施科教兴国战略的一项重大战略决策；2005年8月出台8条支持政策，政策中要求做强中关村科技园区，这对推动中关村发展起了进一步的推动作用；2009年支持中关村的国际科技创新竞争，具有全球影响力的科技创新中心，在股权激励、科技金融等8个方面开展先行先试的探索；2011年将中关村的未来发展规划纳入国家经济社会发展规划当中；2012年10月，国务院印发《关于同意调整中关村国家自主创新示范区空间规模和布局的批复》，同意对中关村国家自主创新示范区空间规模和布局进行调整。调整后，中关村示范区空间规模扩展为488平方千米，形成了包括海淀园、昌平园、顺义园、大兴-亦庄园、房山园、通州园、东城园、西城园、朝阳园、丰台园、石景山园、门头沟园、平谷园、怀柔园、密云园、延庆园等16园的"一区多园"发展格局。

"1+6"先行先试政策及其政策扩展路径。谈到中关村，对于创业者和创业企业来说，就是一系列的政策扶持和众多措施的集合。"1+6"的扶持政策体系，是政府对于这些政策归类和简称，一个是创新平台的基础建设，另外的6个重点支撑领域和操作层面的具体办法，它们涵盖科技类知识产权的归属收益、股权处置分红改革、R&D费用试点、场外交易市场的尝试、高新企业的认定。这些政策集合，明显地有利于科技企业和创新型企业成长和发展。

在政策扩展的路径上，主要摸索式的试点、扩大、推广普及。从1988年设立开发实验区，2009年获批扩大至"一区十园"，享受优惠政策的达到9个区、232平方公里；2012年年底，再次获国家批复，推广普及至北京的16个区县，实现"一区十六园"，每个区县都有享受政策优惠的区域，总面积达488平方公里。

## （二）北京打造高端人才聚集之都

北京市对于创业人才、高科技人才的聚集效应，一方面来源于其首都地位和吸引力，另一方面来源于配套政策和鼓励措施。2016年出台的《北京市"十三五"时期人力资源和社会保障发展规划》中，对于打造高端人才集聚给予了多种政策扶持，北京地区专业技术人才达到350万人，高、中、初级比例达到20∶40∶40，高技能人才达到110万人。❶

人才培养上方面，重点培养创新及创业型的人才。从两院院士、"千人计划"以及"突出贡献专家"到青年拔尖人才，无论是信息科技、生物制药、金融、环境方面，还是基础科学和人文学科，形成了较为完整的人才体系和梯队。

在聚集海外留学和国际化人才上，北京作为海外留学人员的主要吸纳地，建立了海外高层次人才创业基地、研发基地，配套服务完善的留学人员创业园。重视以项目吸引海外人才，落实海聚工程。

中关村的创新性人才战略引人注目。国家有关部委与北京方面联合印发了《关于中关村国家自主创新示范区建设人才特区的若干意见》，对于示范区的人才工作给予了13项特殊的大力度扶持政策举措。中关村示范区加快落实"人才特区"各项政策，积极吸引各类人才。构建灵活开放的体制机制，抓好载体建设，加强宣传与培训工作，支持人才创新创业，不断提升企业人才队伍结构，以此来打通人才瓶颈，加快中关村人才特区建设。据统计，目前"海聚工程"入选的创新人才中，有70%聚集中关村。中关村吸引创新人才政策的重要特征是以创新企业需求为核心，自主申报引进。该模式突破了政府花大力气找人引人，而满足不了企业要求、达不到人才发展预期的双重尴尬，紧紧围绕创新企业，力推产业集聚、人才聚集的策略。中关村人才队伍，硕士学位以上

---

❶ 北京市人力资源和社会保障局　北京市发展和改革委员会 关于印发北京市"十三五"时期人力资源和社会保障发展规划的通知[EB/OL].（2016-07-05）[2018-12-11].http://www.bjrbj.gov.cn/xxgk/ghjh/201607/t20160705_58609.html.

的高达20万人，年增近2万人。

（三）打造"北京特色"的创新创业孵化模式

北京创新创业孵化模式的探索和成功，是首都科技企业和创业活力保持的关键所在。

1989年，"北京高技术创业服务中心"设立，成为首家科技企业孵化器。30年来，北京孵化机构由探索到增长，从量到质，服务能力日益增强，已经初具规模和体系。以政府指导监管、市场化为主体的创业孵化机构，2013年已达130余家，国家级的超过25%，正在孵化企业总数近9000家。2016年，北京市孵化器总收入超过19亿元，纳税额达1.89亿元；众创空间的总收入超过13亿元，纳税额达8759万元。它们与创业投资、资本市场以及中介服务组织关系紧密，使企业成功率大为提升。目前，首都创业孵化机构在产业布局、发展模式、服务能力、孵化实际成效、辐射带动效应以及国际化等诸多方面都有了快速的发展。

作为国家科技创新体系的重要部分，北京孵化模式的特色之一，在于其专业化的产业定位。例如，为了打造促进新兴产业的领头企业，北京成立了一批"战略型新兴产业孵育基地"，如北航科技园、中关村生命科学园、京仪孵化器、博奥联创孵化器等。依靠这些基地，一大批相关产业的科技企业得以帮扶和发展，不少企业走向上市。特色之二，在于其多元化的格局和模式。既有北京创业中心这样"孵化器"加"加速器"的模式，也有从早期投资到产品构建再到全方位培育的创新工场模式，还有以车库咖啡等为代表的"项目加资本链接"模式，以及创业指导和入股孵化等众多模式，满足多层次、不同阶段的创业企业需求。特色之三，在于其国际化的资源配置。创新要素、资本要素全球流动已成为不可阻挡的潮流，北京在这方面走在了前列。中美跨境发展孵化器——"创源"在美国硅谷设立，迈出了"走出去"的步伐；中意创新孵化器和中美企业创新中心等国外孵化机构，也被引进到北京，服务于我国的创新企业。

中关村的创业孵化和创业服务组织，也极具代表性和借鉴性。中关村的创业服务组织可谓种类齐全，全国首屈一指。创业主题咖啡馆（车库咖啡等）、创新工厂（创业平台提供）、创投类"社交网络"、民营成分的常青藤创业园——主要功能是作为非官方组织，向创业企业提供全方位服务；另外，还有公益性组织亚杰商会等。这些创业服务组织为创业企业提供的大多是"软件"的配套和服务，已经成为中关村创新创业的重要推动力量。其中，不少企业孵化器被中关村管委会认证，成为品牌性的创业服务提供者，促使每年上千家企业入驻。另外，中关村管委会于2011年开始实施"金种子工程"，积极选拔在新兴产业领域中创新能力强、商业模式新、技术水平高的初创企业，提供融资、创业导师辅导等众多服务措施。❶

（四）重视科技金融创新，改善融资环境

经济的发展依靠科技推动，而科技产业的发展需要金融的强力助推。建设北京创新型城市其中一个重要内容就是科技创新。政府陆续出台一系列不同类型的财政专项资金的政策文件促进科技与金融结合，既获得了更多的资金支持，也得到了科技持续发展的动力。

中关村的金融创新，一直在北京金融体系中保持领先地位。十余年来，中关村创业创新的环境在与时俱进，"瞪羚计划""天使投资联盟"到"中关村板块"，科技金融成为全国典范。创业引导基金、中关村股份代办系统的不断升级，使得在示范区企业在境内外上市的数量高达几百家，成为一枝独秀。中关村创业引导资金与创业投资机构合作设立了子基金19只，突破了中关村企业上市和股份代办系统挂牌企业的数量。近几年来，北京银行中关村分行推出了"创业贷"和"创业卡"，为创业企业和创业者提供信用贷款，促进了科技型中小微企业的创业融资探索。❷

经过近二十年的探索，北京创业投资业的发展取得了一定的进步，已成为全国创业投资积聚的区域之一。从2005年开始连续3年北京市获得创业投资的

---

❶ 苏民，杨颖.北京：引领创新创业的高地[N].经济日报，2012-08-17（06）.
❷ 李妍.北京银行中关村分行 从"创业贷"到"创业卡"——创业者的福音[N].金融时报，2013-07-23（012）.

投资金额、企业家数居全国第一位。我国的科学技术改革创新和国家对高科技产业化的高度重视投入促进了中国的创业投资发展。北京在国家政策的大力支持和倡导下，在全国范围内率先拉开了创业投资发展的序幕。经国务院批准，原国家科委和财政部共同出资于1986年在北京成立了第一家中国新技术创业投资公司——专营创业投资业务的企业。2000年3月，北京创业投资协会也获准成立，它是全国第一个区域性创业投资行业公会的组织。2016年，孵化器内当年获得投资的企业数量400余家，全国排名第四；众创空间内当年获得投融资的创业团队数量近1500家，是全国平均水平的3倍多，全国排名第二；众创空间内创业团队当年获得的投资总额为171.3亿元，超过全国的众创空间投资总额30%，遥遥领先其他城市，全国排名第一。

信用担保体系较为完善，中小企业融资渠道不断增加。截至2017年年底，北京市共审批通过127家小额贷款公司，遍及北京16个区县。2017年10月末，北京市人民币全口径小微企业贷款余额10317.7亿元，同比增长12.8%，较9月末提高0.5个百分点。其中，普惠口径小微贷款余额2606.9亿元，同比增长27.4%，增速比9月末提高0.7个百分点。小型和微型企业贷款加权平均利率为5.59%和4.56%，环比分别再下降13个和77个BP。

（五）针对各群体的创业扶持政策比较完善

近10年来，北京针对特定目标群体所实行的创业扶持政策，所采用的扶持方式包括融资、创业场地支持、创业培训与创业指导几个方面，政策的目的既有鼓励机会型创业，也有扶持生存型创业的。经梳理如表5-1所示。

表5-1　北京市部分创业扶持政策概览[1]

| 政策名称 | 施行时间 | 目标群体 | 政策目的 | 扶持方式 |
| --- | --- | --- | --- | --- |
| 北京市扶持残疾人自主创业个体就业暂行办法 | 2009年 | 残疾人员（男满16周岁，不满60周岁；女满16周岁，不满50周岁） | 生存型创业 | 场地支持 |

[1] 资料来源：北京市出台的相关文件。

续表

| 政策名称 | 施行时间 | 目标群体 | 政策目的 | 扶持方式 |
|---|---|---|---|---|
| 北京市促进留学人员来京创业和工作暂行办法 | 2009年 | 留学人员 | 机会型创业 | 融资、人事关系、创业场地 |
| 北京市妇女就业小额担保贷款财政贴息管理办法 | 2010年 | 妇女 | 生存型创业 | 融资 |
| 北京市事业人员从事微利项目小额担保贷款财政贴息管理办法 | 2011年 | 失业人员 | 生存型创业 | 融资、税收 |
| 关于加快科技企业孵化器建设与发展的若干意见 | 2011年 | 科技型企业 | 机会型创业 | 融资、培训、创业场地 |
| 北京市小额担保贷款担保基金管理实施办法 | 2012年 | 本市城镇失业人员、高校毕业生、农村转移劳动力和复员(转业)军人 | 生存型创业 | 融资 |
| 北京市高校毕业生创业扶持政策 | 2013年 | 北京籍高校毕业生 | 机会型创业 | 融资、税收 |
| 关于大力推进大众创业万众创新的实施意见 | 2015年 | 普惠、大众 | 生存型、机会型 | 全面 |
| 关于支持和鼓励高校、科研机构等事业单位专业技术人员创新创业的实施意见 | 2017年 | 事业单位人员 | 机会型创业 | 全面 |

## 二、深圳创业扶持政策

深圳在创业方面的最大优势是创新。深圳是一个新兴的经济特区，自1978年改革开放以来，一直在探索中寻求创新。深圳市政府在对工商业的支持上，往往具有领头的气魄。经历了4次行政审批改革，不断改革政府，适应市场经济发展，在30多年的发展中，深圳成为中国一个较为独特的城市。

（一）深圳的创业环境及其政策的评价

"2017中国城市创新创业环境排行榜"中，深圳的创业政策环境位列中国百强城市第三名。从整体创业环境来看，深圳总体排名继续稳居前列。从一级指标来看，除人力资本仍然略显不足排在第18位外，深圳在政策环境、产业发展、研发投入和产出、金融支持、中介服务、创新知名度6个方面继续保持第一位，市场环境居第二位。深圳创业环境综合得分情况如图5-2所示。

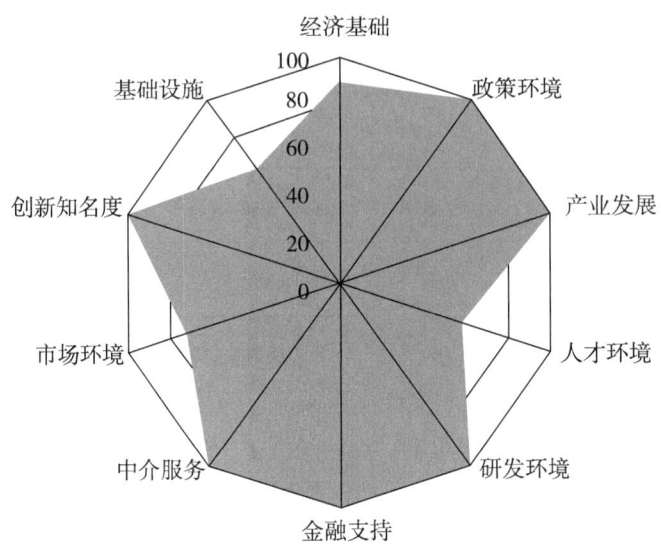

图5-1 深圳创业环境综合得分情况[1]

深圳在地方财政支出、地方财政科技投入、高技术产业、新成立企业、研发投入、创新成果、新上市企业、金融服务业、中介服务业、创新知名度、交通状况等11个方面表现优异，而在人力资本、科技人员、收入房价比3个方面相对不足。深圳创业环境二级指标得分情况如图5-3所示。

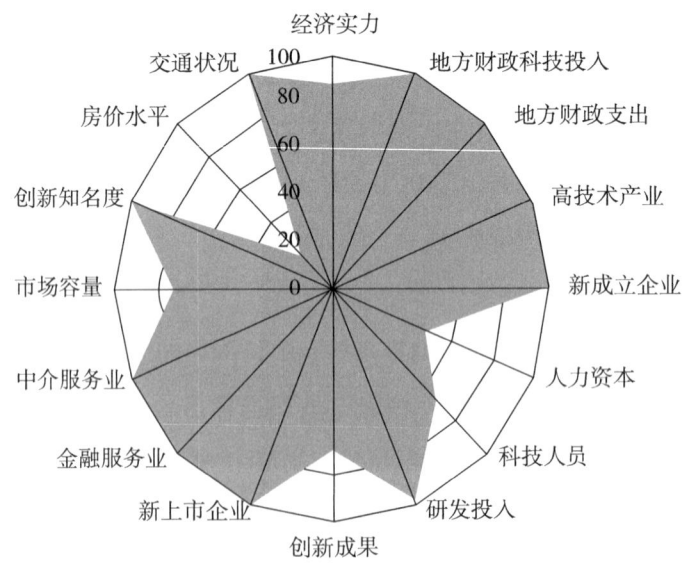

图5-2 深圳创业环境二级指标得分情况

---

[1] 清华大学启迪创新研究院.2017年中国城市创新创业环境排行榜[R].北京：清华大学，2017.

政策环境上，深圳排名第一位，在地方财政一般预算支出、科技三项经费支出、科技三项经费支出占地方财政一般预算支出的比重等方面均位列第一，其中科技三项经费支出占地方财政一般预算支出的比重遥遥领先，表明深圳市政府的财政科技投入力度明显高于其他城市。

产业环境上，2018年上半年，深圳高新技术产业实现产值超过一万亿人民币，同比增长近12%，深圳国家级高新技术企业达11230家。2017年，深圳新登记商事主体552223户，占广东全省新登记总量的28.3%，平均每天新设约1513户。其中，新登记企业362992户，平均每天新设约994.5户。

人力资本尚不够充分，排在第十二位，这主要是因为深圳在普通高校在校生人数这一统计指标上比较薄弱，仅排在第四十六位。

研发环境深圳位列第一，其中研发投入排名第二；创新成果产出排名第六，其中每万人专利授权数位居第五，获得国家级科技奖项数排名第十一。金融环境上，深圳的新上市企业、金融服务业等指标都位列第二。中介服务也排名第一。市场容量排名第二，仅次于排名第一的广州。

深圳具有得天独厚的创业条件，对于创业者来说具有良好的经济、文化和政治基础。一方面，超前的经济发展模式，创造了以外向型经济为主的经济发展方式，这不仅吸引了高新技术的外资企业，而且我国大量的创新型企业都集中在此。长期的发展方向也创造了一种创业创新的城市发展理念。另一方面，深圳优越的发展前景吸引了大量的高端人才，即使没有设立大量的重点高等院校，但同样能够做足够的人才储备。再者，当前深圳政府仍然坚持着创新的发展理念，并就创新创业提出了丰富的扶持政策。

（二）行政审批改革深入，行政服务效率走在全国前列

作为全国改革试点，从1997年开始，经过五轮改革，深圳的行政审批事项从一千多项压缩到不足三百项。目前，深圳行政审批改革正向纵深方向推进，跨部门协同办理、建立标准统一的政务服务体系，稳步推进。

深圳在政府职能转变的路径上，探索做好"减加乘三法"。市场能够发挥

决定性、支配性作用的部分，积极做"减法"，政府减少干预；在政府服务职能上作"加法"，提高服务效率、优化工商企业登记等；在激发市场和社会创业活力作"乘法"，想方设法刺激社会创业动力活力，让市场推动经济发展。

行政服务效率，尤其是涉及企业登记、税收等服务，对创业企业及创业活动影响甚深。深圳在这方面率先改革，从企业注册到开业，所需要的时间为3.5个工作日左右，远低于国内其他地区的周期。

登记制度和政策方面的支持，是深圳速度的典型表现。2015年深圳商事登记制度改革后，深圳注册企业，无须提交正注册资金验资报告和烦琐的年检程序，3天内即可完成。将营业执照种类大幅缩减到八种，减少了审查、发放营业执照的总体时间。取消了经营场所的审查，最具吸引力的莫过于"最低一元"注册公司，自行认缴注册资本金。这种制度和高效行政服务效率，使深圳工商企业数快速增加，2017年深圳中小企业逾170万家，数量以年均20%的速度增长。同时，在服务质量提升上，开通了网上办事、一站服务、一次办结审批等服务方式。

（三）创业扶持方式中直接经济补贴较多

从深圳市《关于促进以创业带动就业工作意见》出台后，深圳的创业体系中新增加了大量补助、补贴以及资金奖励等措施。

相对于其他城市或地区而言，深圳的创业帮扶更多的是直接经济补贴，较小快，容易为广大创业人员所接受、认可。例如，创业者的经营场所租房补贴金，创业人员参加社会保险的补助金，还有各种人群创业时给予的专项补助金。根据创业企业的就业人数和税收状况，在成立之日起的3年内，给予8000元到10000元的扶持。对于特殊群体，如随军家属、经过登记的城镇失业人员以及残疾人等人群，若属于第一次创业的，能够经营1年以上，就能申领获得5000元经济补助。还有创业企业带动就业的，每个就业人员给予千元奖励。大学生创业，资助上可以申请10万元左右的资金支持，小额贷款也可获得近10万元的信用额度，贷款利息也将获得财政补贴。

第五章　国内典型地区创业扶持政策的启示

林林总总，在深圳的创业企业，在最初的3年内，累计可申领的补贴补助、奖励、免征税费，总额可以高达10万元。

（四）促进海外留学人员创业的政策力度较大

深圳市不断提高海外留学人员创业扶持力度，创业前期费用补贴资金从原来的10万—30万元已经提高到现在的80万元以上。创业前期资金每年申请一次，创业企业的机会非常多。

根据《深圳市出国留学人员创业前期费用补贴资金管理办法》，留学人员创业可以申请的项目资助，既有留学生创业园的公共服务项目，也有留学人员创业（就业）培训项目，还可以参加留学人员相关的展会项目（包括中国国际人才交流大会、北美留交会、广州留交会等）。在资助标准上，根据实际申报情况及补贴资金安排情况确定，留学人员企业每个项目最多不超过100万元；如果确需超过的，报市政府批准后还可以增加。

留学人员创业前期费用补贴资金对于回国落户深圳创业的人员而言，起到了催化理想、解决实际问题的作用。在这样大力度的政策扶持下，深圳的留学人员创办的企业目前接近2000家，其中三十余家产值过亿元。一批海归创建的企业成为高新技术企业的主力军，还利用其海外资源丰富的特点，为深圳引来了国外专家团队、研发人才、风投资金、成熟技术。2017年深圳引进留学人员再创新高，达18307人（2016年为10509人），同比增长74.2%。据统计，截至2017年年底，深圳累计引进留学人员近10万人。

（五）创业人员及创业失败的社会保障机制

深圳市《关于促进以创业带动就业工作意见》中规定，深圳市经登记的城镇失业人员、未就业的大中专毕业生（两年内）、留学归国人员以及复员转业退伍军人等人群自主创业，按照相关规定正常缴纳社保的，可以享受3年的社保补贴。具体的执行补贴标准，参照人力资源和劳动保障部门的年度社保费用标准。对于那些创业不成功的人员，若没有固定职业或就业者，同样给予他们至少一年的社保补贴。对于创业失败人员的扶持政策，这个文件是第一次。

《深圳市自主创业补贴办法》中,对于创业失败人员的帮扶,主要提供就业服务及资金帮扶,也明确了社保补贴的标准。

这些政策体现出鼓励尝试、鼓励创新的文化内涵,这或许正是深圳近年来得以飞速发展的成功秘诀。如果我们都能以这种创新思维去对待那些敢于越雷池、敢于失败、敢于创新的创业者,那么,不仅能给一个人才、一家企业的成长铺平道路,也能给地方经济发展注入活力。

(六)培育和促进中小企业发展的政策体系完善

深圳历届市委、市政府高度重视中小企业发展,将其作为大多数扶持政策核心和重中之重。《深圳经济特区促进中小企业发展条例》出台后,作为包含市场支持、融资扶持在内的多项综合性文件,成为一个标志性政策。随后,《关于加快民营经济发展的意见》《关于进一步加快民营经济发展的若干措施》《深圳经济特区中小企业发展促进条例》等重要文件相继出台。

同时,深圳市按照"分类指导,突出重点,梯度扶持"的思路,着力培育民营领军骨干企业、上市及拟上市企业、成长型中小企业三支重点企业队伍,并通过制定针对性的扶持措施,集中资源扶持这些企业做强做大。

通过上市培育促进中小企业发展,做强做大。培育中小企业改制上市不仅可以帮助中小企业利用资本市场有效地解决融资问题,更为重要的是,中小板的企业上市标准、创业板的"两高六新"定位是民营企业转型升级的指向标,引导企业更多地进入战略性新兴产业,优化深圳的产业结构;改制上市的巨大财富效应和广阔发展空间为民营企业转型升级提供了强大的自发动力,吸引企业不断加强自主创新和产品升级。中小企业改制上市的过程就是企业按照资本市场导向建立现代企业制度、提高创新和盈利能力、实现发展方式转变的过程。《关于扶持我市中小企业改制上市的若干措施》的出台,明确了中小企业改制上市企业可以获得的政府资助,单个企业可达300万元以上。同时,深圳市政府印发了配套文件,大力推动中小企业利用资本市场实现跨越式发展,进一步打造深圳市中小企业改制上市的政策高地。中小企业上市培育工程不仅为深圳市造就了一批优秀上市企业，而且通过政府引导，吸引了一大批中小企业沿改制上市路径实现规范发展，为深圳市中小企业上市的可持续发展积累了丰富的后备资源。

（七）部分创业扶持政策

近年深圳市主要创业扶持政策如表5-2所示。

表5-2　近年深圳市主要创业扶持政策❶

| 政策名称 | 施行时间 | 目标群体 | 政策目的 | 扶持方式 |
| --- | --- | --- | --- | --- |
| 关于鼓励出国留学人员来深创业的若干规定 | 2009年修改 | 出国留学人员 | 机会型创业 | 融资、补助 |
| 关于促进以创业带动就业工作意见 | 2009年 | 有创业潜力的高校毕业生、复员转业退伍军人、农转居人员等群体 | 生存型创业、机会型创业 | 融资、补助、风险规避 |
| 深圳市自主创业补贴办法 | 2009年 | 本市登记失业人员、农专居失业人员、归国留学人员、复员转业退役军人、随军家属、残疾人及毕业2年以内的全日制大中专院校及技校毕业生 | 生存型创业 | 补助、融资 |
| 深圳市创业失败保障办法 | 2009年 | 同上 | 生存型创业 | 补偿 |
| 深圳市委市政府关于实施引进海外高层次人才"孔雀计划"的意见 | 2011年 | 海外高层次人才 | 机会型创业 | 融资、税收 |
| 关于鼓励社会投资促进经济发展方式转变的若干实施意见 | 2012年 | 毕业两年内的大学毕业生 | 机会型创业 | 税收、放宽管制 |
| 深圳大学生创业贷款政策 | 2012年 | 毕业大学生 | 机会型创业 | 融资 |
| 深圳市出国留学人员创业前期费用补贴资金管理办法 | 2012年 | 出国留学人员 | 机会型创业 | 补贴 |
| 深圳市人民政府关于加强创业带动就业工作的实施意见 | 2015年 | 全民 | 生存型创业、机会型创业 | 综合 |
| 深圳市自主创业扶持补贴办法 | 2016年 | 全民 | 生存型创业、机会型创业 | 综合 |

❶ 资料来源：深圳市出台的相关官方文件整理。

## 三、温州创业扶持政策

与深圳类似，温州同样是中国民营经济发展的先发地区与改革开放的前沿阵地，在经济发展的过程中，温州利用其优越的地理位置优势，以中小型企业为主导的民营经济迅速发展，形成了一种以家庭工业和专业化市场的方式发展非农产业，从而形成小商品、大市场的发展格局的温州模式。其中，小商品是指生产规模、技术含量和运输成本都较低的商品，大市场是指温州人在全国建立的市场网络。

生存型创业是在缺乏就业机会情况下的创业，具有明显的被动性，其目的是维持生计，这种类型的典型代表地区是温州和苏南地区，主要是家庭创业、家族创业和个体创业等。

（一）以民间融资为核心的金融改革政策体系领先全国

温州民营经济活跃，民间资金也非常充裕，但是限于当前的金融体系，小型的企业多却难融资，以中小型企业形态存在的民营经济，难以得到来自银行的信贷支持。而民间金融又疏于规范管理，导致不少问题的滋生。《温州民间借贷市场报告》指出，温州民间借贷市场规模已经非常壮大，50%以上的家庭、个人和企业都参与了民间借贷。温州部分中小企业出现资金链断裂和企业主出走现象，全民借贷让温州越来越乱，甚至因此产生了大规模的高利贷危机，这些对经济和社会稳定造成很大的影响。据报道，温州"眼镜大王"胡福林就身负十几亿元民间高利贷、资金链断裂而出逃。

为畅通民间资本与实体经济的渠道，改变中小企业融资渠道不畅问题，增强防范和化解金融风险的能力，国务院批准了《浙江省温州市金融综合改革试验区总体方案》并很快实施，同时设立"温州市金融综合改革试验区"。主要任务在于探索温州民间资金服务工商业实体发展的科学有效路径，破解民间资金借贷的乱象，施行金融领域的综合改革，为全国金融行业的管理体制和运营机制改革探索经验。

温州市金融改革的目标和重点在于，设立民间融资备案和监测体系，使民间融资规范化；设立新型金融组织，如村镇银行、贷款公司等；支持金融租赁公司等非银行金融机构开展业务；建立小微企业融资综合服务中心；开展非上市公司股份转让及技术、文化等产权交易，培育发展地方资本市场等12大项。

有专家评论说这一改革将会使温州的民间金融转变为地上的阳光金融，从野蛮发展转变为理性健康发展，将会给温州带来革命性的变化。

2012年4月26日，"温州民间借贷登记服务中心"由此应运而生。温州民间借贷登记服务中心主要通过政府引导、市场运作、借贷自愿的操作方式，成立温州民间借贷登记服务中心试点，这不仅仅能够及时全面准确了解和掌握民间资金动向，防范和化解民间金融风险，还可以有效弥补正规金融服务中小企业不足的问题。发挥温州充裕而活跃的民间资本优势，引导有序投资，促使民间借贷行为阳光化、合法化，推进温州经济转型升级都具有重要意义。[1]

2013年11月，《温州市民间融资管理条例》通过，成为全国第一部民间金融法。《温州市民间融资管理条例》核心内容，主要是对民间资金借贷关系，借贷双方应该签署"书面合同"，大额借贷在法律形式上必须经过强制备案的制度约束。"大额"指的是单笔三百万元以上或者单个出借人30万元。民营企业可以根据生产经营的需求，发行定向企业债券。这种突破，相当于以前的"非法筹资"的行为合法化，但是在条件和制度规范上提供了更完备的保障。[2]

（二）将创业创新纳入政府绩效考核体系

2012年3月，温州市人民政府办公室印发《温州市支持温商创业创新促进温州发展工作目标责任制考核办法（试行）》的通知（温政办〔2012〕55号），在全国范围内，领先性地制定了政府政策扶持温州创业企业的考核办法，

---

[1] 孙新尖.温州首家民间借贷登记服务中心应运而生[EB/OL].（2012-04-26）[2018-12-11].http：//news.hexun.com/2012-04-26/140824716.html 2012年04月26日．

[2] 温州市民间融资管理条例：核心内容.民间借贷[EB/OL].（2013-11-22）[2018-12-11].http：//www.edai.com/news/tags_26.

包括与招商引资、经营环境和创业创新有关的工作，都纳入考核体系。

　　该考核办法以及实施细则中，对于政府绩效考核的范围，不仅包括市级26个政府机关，还包括二十余个国有企业和在温州以外的商会组织。其具体考核办法非常完善，分级实施。对于县市区政府部门，考核重点在于引资促经济发展的贡献率、创业项目发展质量和整体创业环境的社会评价度。关于温州市属国有企业，侧重点在于发展项目的质量和层次。政府工作部门，则是按照现有分工和具体政府职能，分条列项，对照考核。在纵向行政级别上，形成自上而下的联合考核，每个地区（含具体部门和单位）都要制定出具体细化的考核标准和量化指标，上级促下级，上级考核下级。最终，按月、季度和年度，公布绩效考核结果，并根据成效给予不同的奖励和惩罚。❶

（三）重金补贴吸引人才的政策

　　温州市政府对于温州发展中的人才作用高度重视。对于高层次人才和领军型人才，尤其是那些能够将项目和资金整合为市场需求的创业型人才，往往不惜重金引进。

　　2012年5月，温州市出台实施吸引民间资本支持人才创业的投融资政策。通过设立种子基金，成立创投基金等方式，建立支持各类人才创业的多元金融服务支持体系。

　　温州市推出面向全国招聘金融人才的举措，引进一批紧缺金融人才到温州发展。温州市还在在温州高新技术产业园区兴建人才特区，打造温州区域人才集聚高地，使之成为温州人才优先发展先行区和示范区。"才聚温州"这项工程在温州全面铺开。2010年至2012年三年间，温州市共引进150名海外高层次创业创新人才，其中25人入选国家和省"千人计划"；建立若干个"院士专家工作站""企业博士后工作站"；实施"人才安居计划"，规划布点28个人才

---

❶ 温州市人民政府办公室关于印发温州市支持温商创业创新促进温州发展工作目标责任制考核办法（试行）的通知[EB/OL].（2012-04-06）[2018-12-11]. http://www.wzdkw.gov.cn/system/2012/04/06/010982358.shtml.

第五章 国内典型地区创业扶持政策的启示

公寓，可供居住的在建人才公寓面积超过20万平方米。按照温州"533"引才计划，下一步，鹿城、龙湾、瓯海及乐清、瑞安市确保引进一名国家"千人计划"人才，永嘉、平阳、苍南三个县确保引进一名省"千人计划"人才，洞头、文成、泰顺3个县力争引进一名省"千人计划"人才，有关市级功能区和各高校要引进一定数量"千人计划"人才。

温州市出台专项政策——《关于完善市区人才住房政策的实施意见》，针对各层次人才的多项住房"新政"，以吸引各类人才集聚瓯江畔。其中，面向三类高端人才，奖励住房或直接优惠，或由政府安排资金购买，房源主要通过在商品房中按一定比例配建等形式筹集。这些人才是："两院"院士；国家"万人计划""千人计划""长江学者""新世纪百千万人才工程"国家级人选、国家杰出青年基金获得者等，以及省特级专家，省"千人计划"入选者等。按照"新政"，"两院"院士可予以住房奖励，上述国家级相关人才购房时直接优惠100万元，上述省级相关人才购房时直接优惠80万元。

五类对象可获重金购房补贴。补贴金额根据不同层次分四个标准，分别为100万元、80万元、60万元、40万元。五类对象是：符合高端人才专项销售住房申请的相关国家级和省级人才；科技、文化、教育等领域国家级、省级重要奖项获得者；市杰出人才与青年技术拔尖人才，市"551人才工程"第一层次培养人选，温州市"580海外精英引进计划"入选者等；获得国家、省大奖的高技能人才；在民营企业工作的正高级职称人才。

发放租赁住房补贴。政府将加快人才公寓建设，提供人才租赁住房。人才租赁住房补贴走向普惠。符合租赁住房条件但未配租的高层次人才、新就业全日制本科学历高校毕业生，自行向市场租赁住房的，都可提出申请。

（四）特色的温州创业教育

温州有着深厚的创业文化氛围，在创业教育上也颇具特色。在大学层次方面，从2001年开始，温州大学在全校开展教育创业，经过多年的探索和实践，取得了显著的成绩，走在国内高校的前列。

温州大学将校园创业文化作为校园文化建设的重要部分。一方面,争取温州商会、校友等资源、行业协会争取工商、人事等政府部门的政策支持和社会各界的舆论支持;另一方面,利用各种校园媒体的广泛宣扬,树立学生创业典型模范,开展各种丰富多彩的创业活动与竞赛,让学生在最先了解创业动态,感受浓厚的创业氛围。借鉴温州人创业经历,指导大学生创业实践,成功培养了多个优秀学生创业团队。

该校成立了"温州大学创业人才培养学院",现有校内外70多人专兼职专家、教授、教师,其中8人专职人员、32人企业家创业指导师、41人KAB项目师资;开设创业先锋班、双学位班、店长助理班以及大学生村干部创业培训班等人才培养改革实验班。

在高职层面,温州职业技术学院倡导温州人的创业精神,并把创业精神引入学生的职业教育计划当中,进一步深化创业教育,以创业教育带动教育教学改革,以创业教育激发学生的创业热情和动力,创设校园创业文化氛围,把创业教育全面渗透到各个专业和学科。温州职业技术学院要求各学科各部门齐心协力,权利推荐创业教育,加强对学生的引导,将创业教育与就业指导教育、学生职业生涯桂华相结合,通过各种方式来鼓励学生自主创业,并在政策、资金和场地等方面给予支持。

团市委、温州科技职业学院共同筹建了"温州青年创业学院"。主要招社会青年、在校大学生。该学院针对拥有温州市户籍35周岁以下的社会青年,提供针对性的教育课程,包括创业素质等各方面的、营销策略、商务礼仪和物流管理、互联网商业创业方面等课程。这些可在周末2—4天集中培训。在校生的课程在周末,时间上可达一学期,都是免费提供的。青年创业学院将发挥人脉资源,和温州市IT、农业等行业中的各知名企业,为学员们提供良好的教育体验。还会设立专项创业基金。如果创业项目有足够的潜力,学院可能还会帮忙联系风险投资人。

### （五）温州部分创业政策概览

温州市部分创业扶持政策如表5-3所示。

表5-3 温州市部分创业扶持政策[1]

| 政策名称 | 施行时间 | 目标群体 | 政策目的 | 扶持方式 |
| --- | --- | --- | --- | --- |
| 关于设立留学人员创业服务机构的方案 | 2005年 | 留学人员 | 机会型创业 | 服务 |
| 温州市鼓励出国留学人员来温创业若干意见 | 2006年 | 出国留学人员 | 机会型创业 | 融资 |
| 关于做好就业工作促进社会和谐的实施意见 | 2009年 | 失业人员、大学生、城镇复员转业退伍军人 | 生存型创业 | 融资、补助 |
| 温州市残疾人就业创业帮扶计划实施意见 | 2010年 | 残疾人 | 生存型创业 | 补助 |
| 关于大力推进高校毕业生自主创业带动就业的若干意见 | 2010年 | 高校毕业生 | 生存型创业、机会型创业 | 补助 |
| 温州市普通高校毕业生农业创业就业扶持暂行办法 | 2010年 | 高校毕业生 | 生存型创业、机会型创业 | 补助 |
| 人才创业投融资政策 | 2012年 | 高端人才 | 机会型创业 | 融资 |
| 关于印发温州市鼓励事业单位科研人员离岗创业创新有关人事管理实施细则（试行） | 2017年 | 事业单位人员 | 机会型创业 | 全方位 |
| 关于发展众创空间推进大众创新创业的实施意见 | 2017年 | 全民 | 生存型创业、机会型创业 | 融资、补助 |
| 温州市科技创新创业投资基金管理办法 | 2017年 | 企业融资 | 机会型创业 | 融资 |

## 第二节 借鉴与启示

### 一、因地制宜，突出特色

地方公共政策与区域经济社会发展密切相关。我国长期的计划经济体制，使得地方政府在制定公共政策时，往往以中央政府整齐划一的要求和其他地区

---

[1] 资料来源：温州市出台的相关官方文件。

的政策作为参考，容易形成一个个各地相差不大的政策体系。

而创业扶持政策与区域创业经济业态、就业形势关联性强，政策的针对性也强。各地经济社会发展的情况不尽相同，导致其适合的创业类型也不同，创业群体的需求各不相同，政府决策考虑的因素也不一样，对创业支持的重点不一样。

北京、深圳、温州都是我国发展较为迅速的城市，创业条件也都比较成熟，但是在最后制定的创业扶持政策的区别比较明显。诚然，每一座城市的发展历史不同，经济发展现状不同，定位不同都会导致政策的取向有区别。北京有独特的文化底蕴和固有优势，深圳有长期以来处于前沿的经济政策以及创新精神，温州有几十年积累的小商品、大市场以及早已蓬勃发展的民营经济。这些区别是长期发展过程中的积淀，是难以改变的，也是一种优势而不需要做出改变。

因此，北京、深圳、温州所选择的政策重心都有明显的区别，也处于不同的发展层次。北京利用首都优势，大力打造以中关村为核心和示范基地的科技创新政策园区基地，然后推而广之；深圳则利用改革前沿的优势，在体制上和经济政策上敢闯敢干，敢为人先，在企业登记、创业保障方面优先实行创新政策；温州是民间创业资本活跃之地，其在国家金融改革试验区的基础上，整合本地民间资金，推出政策细则发挥民资作用，促进企业发展，同时在创业教育上先人一步，把温州创业文化融入教育体系，打造温州持续的创业人才培养基地。

我们可以看到，这些地区在创业政策制定时充分考虑了政策环境，根据地方情况的特殊性选择了不同的政策重心和方向，制定出了比较适合当地发展的创业政策体系。当然，因地制宜的另一个要求，就是不能鹦鹉学舌，人云亦云地照搬政策。比如深圳具有的外向型经济以及长期以来积累的创新能力，保证了其能够在承担创新高风险的情况下重点扶持高新技术创业，而这种基础是当前其他城市所不具备的，盲目地学习可能会导致风险失控，不利于地方经济的发展。北京、深圳、温州创业创新特色比较如表5-4所示。

表5-4　北京、深圳、温州创业创新特色比较

| 区域 | 北京 | 深圳 | 温州 |
| --- | --- | --- | --- |
| 创新特点 | 技术驱动型<br>高技术产业化 | 市场驱动型<br>借助环境和市场机制优势 | 资本驱动型<br>高技术改造传统产业 |
| 发展主体 | 大学科研系统<br>掌握核心技术的科学院 | 大中企业<br>移民企业家 | 民营中小企业<br>民营企业家 |
| 资源禀赋 | 丰厚的智力资源 | 市场优势 | 民间资本和企业家精神 |
| 社会网络 | 学缘、业缘<br>产学研密切合作模式 | 以企业为主体的创新体系 | 血缘、亲缘和地缘为联结的社会创业网络 |
| 发展载体 | 高技术园区 | 出口加工区、工业区、高新技术园区、产业集聚基地 | 产业集群、块状经济 |
| 软环境 | 产业集群环境不够，产业配套体系须重构 | 有产业集群优势，有发达的产业组织能力和配套体系 | 发达的专业市场，"块状经济"式的产业集群环境 |

## 二、坚持寻求创业政策的创新

作为地方政府，在创业政策的制定和实施上，要创新就是要在符合中央政府的法规政策框架内，结合本地优势，发挥主观能动性，寻求异于其他地区的特色公共政策，而不是死板地执行中央政策。就经济社会发展的形式而言，我国各个地区都面临着经济转型升级，各个领域深化改革的重任。在这个转型时期，不仅考验中央政府对发展的战略部署，更考验着地方政府决策部门的政策认知和水平高低。其中政策创新是各地政府必须思考和面对的重大课题，在改革开放四十年来的政策制定、执行、实施的基础上，不管是政策规律，还是理念、政策工具或是他山之石之类的改良式创新，都应该在总结当地政策经验当中，不断摸索，适应市场经济的发展、社会创业者对政策的期求。

地方经济的发展和区域创业政策的关系日益密切，地方政府争相发展、区域竞争逐步显现。作为一方地方政府，必须把握创业政策的理念、方式方法及其功能等客观规律。我们可以看到，无论是北京、深圳还是温州，在其创业政

策中，总有一些是有别于其他地区的政策，有些甚至是独创、领先全国的。比如，北京中关村围绕科技创新打造科技金融、科技人才、科技企业孵化器以及配套政策，形成一个实体的创业政策园区，进而在政策执行和推广上扩大园区政策的实施范围，达到"一区十六园"的政策效果，实际上为其他地区创业政策的实施提供了一个很好的范本。而深圳的创业政策在行政审批、企业登记以及直接的经济扶持上，可以说都走在了全国的前列；温州的创业教育和民间资本助力创业的做法，也是政策创新的典范。实践一再证明，只有在政策的制定和方式方法上，不断谋求创新，才能形成创业政策高地，形成创业力量的凝聚力和扩散力。

## 三、创业政策保持相对稳定与其变动性

创业扶持政策作为利民措施，频繁的变更是对政策执行和政府公信力的一种考验，同时，政策频繁变更也大大增加了政策实施和政策绩效评估和改进的困难。政策的稳定性，最重要的就是要在政策条款当中，明确它的有效期限和实施范围。特别是各级政府制定颁布的种类繁多的规定、决定、暂行办法，它们的法律位阶低，缺乏长期保障。但是一旦做出这些政策，在明确的有效期限内，政府各部门要齐心协力，动用各种有效的资源、采取多种措施，保障此项政策的权威性以及内容的有效性。在政策调整过程中，尽可能保持政策的继承性和连续性，若确实需要调整，必须适当地补偿那些与政策密切关联的利益受损社会群体。如北京仅实施3年便废止的《北京市小额担保贷款担保基金管理实施办法》，频繁的变更易引起受众对政策效力的怀疑。

而政策的稳定性并不意味着政策实施之后就是一成不变的。稳定性是变动性的基础，变动性是稳定性的内在要求，稳中求变，变中继承。政策的动态性是指政策在执行过程中由于政策环境、政策目标的调整而做出的改变，这种改变应该是在保持政策相对稳定性和连贯性的情况下做的调整，如非达到必要，

第五章 国内典型地区创业扶持政策的启示

政策不应被废止,而只是为适应变化做出的局部调整。如深圳市2000年颁布的《关于鼓励出国留学人员来深创业的若干规定》,在2009年对扶持方式和扶持额度上根据实际情况做出调整。

## 四、创业政策肩负经济发展和社会公平两个责任

根据普遍接受的创业理论,创业被分为两大类型:机会型创业和生存型创业。按照此种划分,创业政策实际上被赋予两种功能:机会型创业倾向于经济发展,获得更多财富;而生存型创业则倾向于谋生,作为获得生活来源的方式。而我国的创业扶持政策,从其诞生的那一刻起,就包含着就业和经济活跃的双重目的。所以我国的地方政府创业扶持政策,不可推卸地肩负着推动本地经济发展、增强经济活力的经济责任,也肩负着创造本地区更多就业岗位、提高困难群体生活质量的社会责任。

从上述北京、深圳和温州三个地区的创业扶持政策来看,虽然都有明确的重心、突出的特色,但是不可忽略的是,其创业扶持政策中都有不少是为扶持生存型创业而制定的。长期以来,我国对效率和经济增长的过度重视,创造了一个经济奇迹,但是不可否认的是,经济发展的同时伴随着严重的社会分化,贫富差距拉大,社会问题突出。这一问题是全国各地普遍存在的,而不是某一城市或地区所特有的。创业的两种功能在这种社会情形中,任何地方政府在制定其创业政策时都不可忽略。如深圳重点扶持机会型创业,但是同样制定了扶持未就业人员、残疾人员的创业政策。扶持生存型创业和机会型创业是保证经济和社会在稳定中快速发展的保证。城市在制定创业扶持政策时可根据实际情况,选择政策重心,但是也须在二者之间保持平衡。

# 第六章 广西创业扶持政策体系创新

创业活动是一项复杂的社会系统工程。广西创业扶持政策的完善与创新，对未来自治区的发展有着重要的意义。广西《国民经济和社会发展"十二五"规划》中，对于创业提出的要求是要以"充分激发全民创业创新活力"为目标，创新发展全民创业，增加政策扶持，政府层面减少行政性障碍（审批），市场方面放宽进入机制，提供更为完善的创业服务，鼓励创业者通过劳动创造财富；同时营造公平竞争的市场环境，打造创新创业的平台。然而，目前自治区的创业扶持政策起点较低，需要理论上的系统思考和顶层设计。为了实现创业扶持政策的长远目标（战略目标）和近期目标（直接目标），更需要系统的创新路径和具体完善措施（见图6-1）。

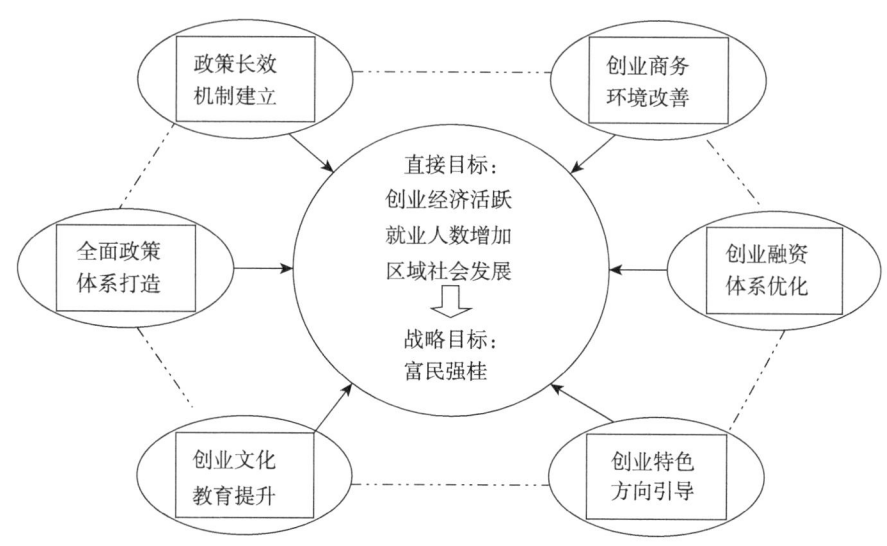

图6-1 广西创业扶持政策的目标与创新路径

## 第一节　创业政策长效机制的构建

### 一、设立专门机构，整合政府创业扶持职能

（一）专门机构的设置

自治区政府关于创业政策制定和执行中的职能分割现象一直存在，人力资源和社会劳动保障部门（以下简称"人社部门"）、科技部门、发展和改革委员会、工商局、教育部门、税务部门、团委等众多机构各司其职，分头制定了各自职能范围内的政策。但从社会和创业者角度看，有的政策非常分散又缺乏一个牵头负责部门，因此流于形式，执行乏力。因此，在创业政策的落实和改进中，首当其冲的问题就是要解决部门各自为政的乱局，促进各个机关形成合力，在政策科学制定、执行和评估中发挥公共权力的整体优势。

在不改变现有政府框架体系的前提下，建议在区发展和改革委员会或区工商局下设"创业与中小企业局"，在行政级别上可高于其他一般部门（副厅级以上），整合分散于各部门的创业扶持职能。这个局负责为政府创业政策的制定搜集相关信息，协调督促其他各部门出台落实各自职责范围内的创业扶持举措，向创业者和企业提供更为全面的创业教育、技能培训、项目信息以及政策指引等服务。

这种专门机构的设立，最大的好处在于创业政策有了守护者和监管者，在新旧政策、各职能部门的政策协调上，更加保证了政策的整体性、一贯性，便于实际政策资源的调配、调整和评估。

（二）创业政策组织架构的职能整合与协调

当前广西壮族自治区的创业扶持政策体系中，工商局、税务局、人社部门、共青团等政府部门分担不同内容的创业政策和责任，各个部门根据自己的目标群体负责各自的政策领域，其政策措施的实施主要是由各自垂直系统内的

基层机构来执行。按照组织行为学的观点，这种体系属于典型的"垂直型组织架构"。此类架构的主要问题在于，各个职能部门，只讲分工，不讲协作；只看自己的一亩三分地，不顾上级综合部门的系统考虑；执行起来，遇到利益相互争夺，遇到麻烦相互推脱，最终形成了对于创业者的政策交叉领域、政策完全空白的范围，难以构成有效、系统的政策体系。

如果我们观察国内外的创业政策组织架构，不难看出，有两种比较引人注目。一是以"创业工作领导小组"之类的综合协调式机构，称之为水平型组织架构。为了拉近各部门的孤立职能和关注点，这种方式常常通过联席会议等形式，抽调各部门领导成立临时组织，商议推动政策制定、执行和后期监督的种种问题。但是，我国有太多类似的领导小组，常流于形式，各部门"貌合神离"，也缺乏长期、持续的工作推进，实际效果欠佳。二是伞状的组织架构。这种架构的典型代表是美国小企业管理局。它的做法是：设立专门的组织机构制定创业扶持政策，这个机构的级别相对较高；而其他具体的职能执行部门低于专门机构的级别，具体政策的落实由职能执行部门操作；专门机构负有监督的责任。也就是制定和监督的"两头"在专门机构，"执行"的过程在职能部门。这样集权、分权相结合，相比而言，对于创业政策这种跟社会结合紧密的政策实施，效果较好。

因而，建议广西壮族自治区政府在创业专门机构及其职能部门的设置上，借鉴伞状组织架构，以"创业与中小企业局"作为较高级别的专门负责机构，统筹政策制定和落实措施的监督，划分并督促各职能部门积极履行各自与创业有关的职能。

具体的职能调整和协调上，要注意四个问题：一是以新设立的"创业与中小企业局"为基点，先采取各职能部门制定并实施各自领域创业政策，"创业与中小企业局"统筹协调的方式，实际上是水平型的架构；等条件成熟时，制定创业政策的职能收归"创业与中小企业局"，各部门只负责政策的执行和实施，形成伞状结构，理顺体制。二是创业职能整合过程中，要始终强化自治区省级政府在促进创业中的统帅作用,增强各部门在业务职能上对创业认识和支持的高度。三是自治区各地方政府(市、县级)要充分利用中央扶持政策,把本地的创业扶持政策地位提高到区域经济社会发展的高度,自上而下形成高度重视,领导尤其是一把手挂帅,将中央扶持政策、自治区政策用足用好,落实到每个部门、每个窗口,才能形成高于东中部地区的创业氛围,形成更强的刺激创业推动力。四是尽快编制出《广西壮族自治区全民创业"十二五"规划》和中长期规划,详细具体地规划好创业发展目标,以及保障工作顺利推进的具体措施和关键点。

## 二、创业纳入政府考核体系,强化政策执行力

全面推进创业,需要政府各部门的大力支持和密切配合。而在现行的行政体制和运行框架内,各部门因领导偏好和部门职能划分,导致创业政策在制定、执行和具体实施中责任不清。即使如上文所述,成立了综合性、专门性常设机构,在执行环节仍存在着乏力的可能。

基于行政机构的特性和我国的领导体制,只有将某项工作纳入考核体系,同部门绩效考核、领导政绩考核挂钩,才能真正形成推动力。鉴于此,凡是有关创业政策及创业方面的职责,必须尽快在广西壮族自治区建立各级政府机关的创业考核体系,强化督促创业政策的执行力。

目前,国家人力资源和社会保障部已经设计出了一套"创建创业型城市评估指标体系"。这套体系主要目标在于引导全国各级政府优化创业工作。该套体系中,有反映创建工作任务完成情况的评价指标(如政府领导机制指标、社会动员机制指标、鼓励创业政策指标、财政扶持政策指标、创业培训数量指标、创业服务载体指标),也有反映创业情况的评价指标(如创业环境满意指数、创业活动活跃指数、创业实体生存指数)。[1]广西壮族自治区政府可以参照

---

[1] 人力资源和社会保障部:《关于印发创业型城市评价指标体系(试行)的通知》(人社部函〔2009〕304号)。

"创建创业型城市评估指标体系",结合本地的实际,设计出一套与自身区情相适应、高度专业化、可行性操作性强,能客观、全面、系统反映创业工作的评价指标体系。然后,依照这套评价指标体系,考核各级政府部门创业推进工作的实效。

温州市政府在这方面走在前列,已经出台了《温州市支持温商创业创新促进温州发展工作目标责任制考核办法(试行)的通知》,对全市范围内支持温商创业创新发展工作有了明确考核办法和实施细则。这种做法非常值得借鉴,建议广西壮族自治区尽快出台类似的考核政策,将所有与创业服务、投资、项目管理相关的职能部门全部纳入政府考核范围,提高全区的创业服务水平和办事效率,切实提高政策执行效果,让创业政策落地,让创业者感到政府的帮扶和社会的重视。

## 第二节 打造全过程、全覆盖、系统化的创业扶持政策体系

各部门自发地制定创业扶持政策固然是可喜的进步,但是就自治区而言,由于在创业政策体系建构上有着后发的优势,所以在政策制定中可以采用顶层设计、科学规划,少走一些弯路。

### 一、全过程的创业政策

辜胜阻的一项研究表明,中小企业在创立初期,面临各种条件制约,抗风险能力较弱,有百分之五十的中小企业存活期不足三年,四分之三的中小企业存活期不到五年。整体而言,能够存活并长期经营的中小企业占创业企业很小的比例。因此,创业扶持政策需要更长久的考虑。

较为完整的创业扶持政策,在创业活动的前期、中期和后期都应该有一套鼓励和支持措施。如前文所分析,广西壮族自治区的创业政策多关注创业企业前期,而关注中后期的扶持措施较少。

对于创业前期的扶持政策措施，例如，促进创业机会识别、激励创业主体进入以及减少企业设立障碍，等等。具体而言，首先，在创业动机的激发上，政策设定的目标在于自我效能感、冒险精神及独立性的培养，激发创造性，政策措施有中小学教育中的创新、创造和独立性培养，以及高等教育中加强创业知识技能培育，在社会氛围上提倡宣扬创业意识。其次，在创业机会的创造上，政策设定的目标应该是帮助创业者挖掘发现机会，增加创业机会的判断和分析能力，尽可能地提供创业机会等，具体措施有：提供给创业意向者更多的社会信息、统计数据，推介创业项目，开展咨询服务，激发社会创业潜力；搭建各类创业项目数据库、平台，开拓创业渠道。最后，在刺激进入方面，通过专项资金扶持，降低进入门槛，尤其是传统由国有经济控制的领域逐步放开，减少行业壁垒，鼓励中小企业进入。创业早期，政策上也需要向公共交通、信息网络通信，以及基本的生活、办公配套设施倾斜，打造一个整体创业的基础环境。

对于创业中期（3个月至42个月）的扶持措施，关注点主要为税收减免、产业引导、市场竞争的平等机会创造、短期资金帮扶、经营管理、技术支撑、风险资金接入等。具体措施有：对经营一年至三年的新创企业，在税收法规范围内降低这部分企业的税负；结合地区本身的实践，引导小企业抱团发展，提供特定的产业发展方向，完善特色产业相应的规划和发展支撑；强化企业管理所需的系列服务，如构建完备的信息管理、财务咨询、人力资源培训、互助合作、质量提升、污染防治、研究发展、工业安全、生产技术，以及市场营销等，由不同职能部门承担，但须统一组织实施，以确保辅导资源有效运用，发挥资源综合效益，增进辅导效能，切实提升新创企业竞争优势；帮助企业扩大影响，吸引商机，要积极协助新创企业在较短时间内让新产品密集曝光，让消费大众认识新产品，并建立营销合作渠道；强化企业经营水平，辅导中小企业开展对外贸易，拓展国际市场，辅导建立知识产权管理制度、品牌营销管理；落实税收支持政策，主要包括所得税优惠，免收属于管理类、登记类和证照类

的各项行政事业性收费，以及城市维护建设税、教育费附加等。

对于创业后期发展壮大阶段的扩张或失败退出，也应该有一个完整的设计和考虑。在创业后期发展壮大的过程中，政府创业扶持政策要加强市场规则的监管和制度环境缔造，帮助企业健康成长。在股权流通方面，政策上也要支持，给予企业持续的资金活力。对于多数创业成功者而言，并非经过一两次创业就获得成功，而是多次失败历练之后方成正果。因此政府也需要有一些基本的保障制度，引导创业退出者再次创业。

这种全过程的政策设计，主要是增加创业者对创业的可预期性判断，增加成功概率，减低失败带来的负面影响。

## 二、全覆盖的创业政策

所谓全覆盖的创业政策，主要关注的是政策目标群体涵盖不同社会创业群体的范围和广度。目前，自治区创业政策中，目标群体主要是两类，一类是高校毕业生、退伍军人、下岗职工、失地农民、贫困家庭、妇女等以就业为目的的生存型创业群体；另一类是科技类创业者以及留学人员创业群体。这两类创业扶持政策的对象，就全国范围而言，大同小异，自治区的政策具有跟风而进的成分，缺乏独创性和特色。

从长远的发展而言，自治区创业政策的目标群体策略应该注意两个方面。

第一，范围上要从特殊群体政策转向普惠式的政策供给，从点线式的覆盖实现网络式的全覆盖。目前自治区的政策扶持群体，多是由各部门自上而下的政策传递。下一步的设计，应该是建立政策体系供给，覆盖到农民、小手工业者、民间小生意者、少数民族人员以及欠缺教育的广大社会群体，甚至面向来桂创业的外地外国人员。只有在惠及面上不断拓展，才能推动自治区掀起全民创业的热潮，激活区域经济活力，形成可持续的发展力量。

第二，在政策惠及对象上，要细分创业扶持的强度，达成更为精准的政策支持。从政策科学的原理，我们知道，一个政府（国家或地区）在某一特定期间内，可调用的政府公共政策性资源在很大程度上是有限的，因此，在制定创业扶持政策时，必须要关注受惠目标群体的政策强度，并以此决定给予帮扶的方式和政策优惠度。

例如，一般的创业扶持政策目标群体中，通常有失地农民、下岗工人、应届大中专毕业生以及海外留学人员，他们完全没有职业，甚至没有基本的生活保障，在政策力度上要给予最大的强度；其次，有些创业人员本身有固定职业，如科技人员、机关事业单位人员辞职下海创业，外地务工人员掌握技术后回乡创业，这些人员本身没有生计问题，主要应该提供企业所需的技术服务等支持，政策力度上低于第一类；另外，有些人二次或多次创业，属于投资性的创业，还有的是企业革新类再建立新的子公司等，面向这些企业的扶持政策，力度应较小。

## 三、系统化的创业政策

美国政策学科学家查尔斯·林德布洛姆提出的渐进主义模式为政策学界广泛接受，他认为，公共政策不可能达到完全理性设计的效果，只能采取不断积累的渐进方式，最终达到根本变革的政策目标。因此，自治区的创业扶持政策制定和完善也需要遵循层次性、连续性的基本公共政策规律，因地制宜，不断根据实际情况调整创业政策阶段目标和措施，形成一个系统化的良性政策循环。

系统化创业扶持政策，首先要形成一个较为完整的、全方位的扶持政策系统，在创业扶持的涉及内容上，有着符合创业实践中涉及的具体领域和较为全面的各个环节。其基本结构可以简化为：政策系统—各类政策子系统—政策A+政策B+政策C（见表6-1）。自治区的创业扶持政策虽然已经具有逐步系统化的倾向和趋势，但是并非以整体观念来审视制定，难免有所缺陷和不足。创业专门机构应从系统化的全方位视角，衡量全区创业政策的完整性。

表6-1 系统化的创业扶持政策结构

| 政策子系统 | | 政策措施 |
|---|---|---|
| 创业扶持政策系统 | 财税扶持政策 | 财政补贴、税费减免 |
| | | 创业项目支持 |
| | | 用地优惠 |
| | | 设立创业园区 |
| | 技术扶持政策 | 建立创业培训体系 |
| | | 创业辅导 |
| | | 创业信息咨询 |
| | 资金扶持政策 | 小额担保贷款 |
| | | 融资担保服务 |
| | 环境支撑政策 | 基础设施:供水、供电、通信 |
| | | 政务流程改造、市场准入放宽 |
| | | 创业氛围营造 |
| | | 宣传教育活动 |

系统化的创业扶持政策，同样要求创业政策体系是一个渐进性的动态系统。其简单的结构是：政策系统1—修正完善的政策系统1—部分成为法律法规—再完善……截至现在，尤其是自2015年以来的创业扶持政策大量出台以来，自治区的创业政策已经渐成系统，多个部门、多个领域的创业扶持举措，基本做到了"有政策"的状态。但是以系统化的观点，这种"有"是静态的"有"，尚没有经历过政策实施、政策效果评估、政策修正这个基本的过程。因此，自治区政府（或创业专门职能机构）应该对已制定的创业扶持政策"回头看"，对分散的政策加以汇整；对缺乏、漏掉的政策抓紧补充；对大而化之、笼而统之、随意解释的程度较大、不好操作的粗框框型政策，不断细化、具体化、深入化；对政策落实当中的薄弱环节不断纠正完善，优化政策执行的再循环；对已经暴露出的政策缺陷，及时修正完善；对某些较为成熟、稳定，为社会广为接受的扶持政策，逐步升级效力，制定规章、条例、法规。

总之，系统化的创业扶持政策是一个长期的过程，总的方向是使各项鼓励创业的政策更加全面、明晰、科学,同时在执行中不断完善,形成具有自我纠正能力的、可操作性的循环,摆脱那种应急性的、头痛医头脚痛医脚式政策模式。同时,要根据国际国内形势的变化、区情发展,以及国家宏观调控政策的调整,不断创新拓展政策,保持政策与社会环境的"自适应"状态,保持政策始终与创业经济的形势同步。

## 第三节 创业文化培育政策

当创业者富有高度的创业激情并拥有良好的创业技能时,创业活动成功的概率就越大。经典创业学理论认为,当把创业者的创业技能作为外生变量的假定条件下存在时,其提升的主要途径是良好的创业教育与培训。创业文化和创业教育是广西壮族自治区创业扶持政策的弱项,二者也需要一个较长时期的探索和完善,依赖中小学教育、高等教育、职业技能培训和社会文化塑造体系的不断完善和持续推动才能见效。

### 一、创业文化的宣扬与竞争意识的培育

创业经济的活跃离不开良好的社会文化氛围。市场经济的不发达,使得我们千年的中华传统文化中"创业文化基因"比较匮乏,加之自治区本身的经济社会发展相对落后,创业文化需要迈出更大的步伐才能突破传统的藩篱。官本位思想、体制依赖思想、"大锅饭"思想以及"等靠要"思想,都是急需破除的思想障碍。

要发挥传统文化优势,鼓励独立与创新精神。一个地区的整体社会规范、文化氛围尤其是创业风气,对于该地区居民的创业动机、冒险意识和挖掘创业机会的能力都具有较大的影响。广西先民勤劳实干、勇于进取,为我们留下了宝贵的精神文化财富。近代以来,由桂柳文化、粤客文化、壮文化融合而成的广西文化,对于个人奋斗、自立自强和追求成就等方面还是比较提倡的。我们

要挖掘这些传统文化中独立、创新、竞争等具有时代需要的精神品质，赋予新的内涵，激发广西人民创业的精神动力。

在市场经济体制逐步完善、政府各项方针政策的正确引导下，区域创新创业文化氛围才会形成。怎样形成良好的社会创业意识呢？简单而言要做到"三破三立"。一方面要破除群众"等靠要"的不良社会风气，这种自己不努力，光靠政府补助、政策倾斜、社会机遇的思想就是一种懒惰思想，要通过宣传教育培育起"自力更生"意识。二是要破除"小富即安"的小市民思想，要在群众中建立起社会责任担当的忧患意识。三是要破除"胆小怕事、不敢闯不敢试"的意识，建立起富于竞争活力敢冒险的思想。这既需要在社会层面形成推崇创新的文化环境，还要将创业文化、创业意识的培养纳入政府政策范围之内，在全社会范围形成一种尊重科学文化知识、尊重人才、敢于创新创业、敢于投资冒险的意识，政府在其中要充当引领主导作用，对媒体舆论、民众思维进行引导。

在具体的创业文化营造路径上，需要多种方式组合发力。自治区各级地方政府应该多利用现代化新媒体诸如微博、微信、政府网站等辐射面广、传播及时、受众多的特点，结合传统宣传方式如座谈会、广告、工艺宣传单、板报等媒介以及人们日常生活中的各种交流工具，大力宣传自治区创业创新的各项优惠政策与优越环境等，让更多的城乡居民更加清晰了解当地的创业政策和创业情况，弘扬勇于竞争、敢为人先、公正平等、合作共赢、包容失败的整体文化氛围，激发越来越多的人加入创业大潮。

正面意义上树立一批自治区创业先进个人和成功企业的典型，通过榜样的力量推动社会认知改变。通过政府引导和制度创新，定期表彰创业典型，形成社会长期的激励引导机制。杰克·弗罗门认为，文化氛围的形成是将特定的行为规则通过相互的传播，在特定环境条件里最终成为社会公认的、大众的行为规范。

创业文化氛围的形成主要是利用创业者个体的行为传播到社会受众中，在社会受众中形成主流价值认可与行为规范的过程。因此，通过政府行为的创业先进人物典型性表彰、宣传，使社会大众感觉到创业者的成功是真实可信的，从典型人物身上找到自己的创业激情与动力，树立起将创新创业作为自己人生价值实现方式的途径而不是一种简单的谋生手段的意识。通过这种形式鼓励社会创业激情推进创业文化意识的形成。

此外，自治区各级地方政府，还应该通过物质与精神并重的形式对自治区创业先进人物、创业基地、支持创业工作的各企事业单位及个人进行表彰，将创业成功的个人以及创业成果，进行大范围的宣传，介绍他们成功的经验与失败的教训，使后来创业者对创新创业有清楚直观的认识，克服不能容忍短期失败或一两次重大打击的心理障碍。广西壮族自治区青年联合会近年开展了"表彰广西青年创业明星"的活动，树立和表彰了一批广西青年创业典型，并授予"广西青年创业榜样"的称号，在全区范围内宣传和表彰。这对培育创业文化氛围、树立创业竞争意识都有积极的作用。

## 二、传统教育体系中融入创业知识学习

创业教育事关创业主体的基本素质和后期创业成功率，对自治区的经济增长及就业水平影响深远。积极依托自治区现有的教育资源，将创业教育尤其是创业知识融入教育体系当中，势在必行。

首先，中小学教育系统是自治区教育的长项，也是基础教育中的重要部分。在自治区的中小学教育改革中，减少应试教育的知识灌输教学方式和内容比例，逐步尝试植入创新、冒险、自信、独立、竞争等精神，革除传统教育的弊端。基础教育对人的成长和性格影响是非常大的。目前自治区中小学教育大多照搬传统的教育体系，以知识灌输为主，素质教育改革因升学压力大多浮于形式。探索中小学教育改革的关键在于人生观、价值观、事业观以及人格独立精神的重塑，不能走僵化的整齐划一式教育道路，更多地关注个人自我管理、生活素质、自信、独立等个性化因素，从小培育创业的素质和良好基因。借鉴

美国、英国等西方发达国家从中小学就开始创业方面启蒙教育的经验，改变过分强调知识传授的单向、被动式、知识灌输型的传统"应试教育"模式，构建既重基础知识、智力开发，又重能力、重兴趣开发、重运用和实践的启发式"素质教育"模式。

第二，高等院校中开展专业化创业管理和运作知识及实际引导教育。自治区要利用好以重点大学为中心的70余所高等院校和优质高等教育资源，开展专业化系统化创业教育。一方面在商学院建设上紧追东部地区，建设一批目标导向性很强的工商教育基地；另一方面，也要在专业设置和院系调整中更加注意同创业实践相结合，更加注意发展自身特色的专业方向。可喜的是，近几年随着全国高校大力发展专业型研究生教育，自治区也开始陆续设立了不少贴近社会需求的专业，逐步走出单一学术型教育的困境。

加强高校创业教育，一是要创新教学方式，注重实践，在必修课以外可以多开设关于创业、创新的选修课程。要求高校选修课程授课教师将社会实际与创业理论相结合，做到学以致用、思学并重。二是在课程设计上要做到教学大纲、教学内容、体系框架各部分统一编排，教学理念体现创业价值所在、切实提升大学生创业激情，培育他们对自身创业实现人生价值的认同感。三是教学内容要体现创业能力、创业技能的培育。最后带领学生实地深入公司、企业考察或实习，提高教学实际意义。四是要调整学生评价体系和标准，突破"老实听话"才是好学生的局限，真正将创新精神作为培养和衡量人才的主要标准，营造一种更富有激励倾向的环境，让创新意识、创业精神成为大学生自身发展的动力。

## 三、拓展创业培训的途径，提升创业实操技能

创业技能是创业成功必备的基本素质，也是最直接的因素之一。职业技能培训是最接近于创业企业所需的培训方式，无论从短期效果还是长期需求来看，都举足轻重。创业技能和培训多针对一些受教育偏少、经济负担能力较低

的广大农民、下岗工人、手工业者等大众群体。自治区在这方面非常薄弱，以往多是以政府部门或公办职业学校承担技能培训，但限于资金问题培训力量不足。

在政策倾斜的方向上，加快发展高中等职业教育机构。注意普通教育与职业技术教育二者的平衡关系，在加强中等职业技术教育的同时，重视普通高中教育，培育一大批愿意高中毕业后继续成为高等职业教育的生源。从自治区的实际情况看，目前对各种技术人员的需求量大，因此政府要着力办好各级各类职业技术院校、技工学校，并根据广西壮族自治区的产业布局特征和未来发展规划，加快院校合并、扩张与调整。

鼓励社会资金和机构创办创业培训机构，壮大就业、创业、再就业培训的力量。当前自治区创业培训机构挂靠政府职能部门的较多，教学体系和内容形式化严重，创新性不足。要及时引进中东部社会力量培训机构以及一些大型的创业培训基金，这不仅能增强创业技能培训的力量，也会带来新的创业理念和更好的培训方式。

完善各级政府部门组织的技能培训班。政府举办的技能培训班，在培训方式上应该灵活多样，除了实际的技能培训以外，更应该注重经验的交流，例如，聘请成功企业家与现阶段创业者面对面进行交流学习。在培训人群方面，针对不同群体、不同创业阶段、不同创业项目进行培训。尤其是在中小企业方面，设立专门的培训系列，主要针对小企业主的需要，帮助他们更新管理理念和市场意识，提高创业企业的成长能力和实战型技巧。

注重培训方式与方法的创新，建立一支高素质的创业培训师资队伍。方式方法上，积极探索双向交流，互动型、开放型和探索型的启发式创业教育与培训模式，既注重中小企业创业者科学的创新思维方法掌握，又注重中小企业创业者的创新实践意识培养；既注重中小企业创业者的智力教育，又注重中小企业创业者坚忍不拔的意志和艰苦奋斗精神等非智力因素的培养；既注重做好中小企业创业者基础训练，全面提高其素质，又注重提高中小企业创业者对变化多端的社会需求的适应能力和未来创业的能力，培养出高素质的"复合型"中小企业创业者。推广开展国际劳工组织推荐的SYB（start your business，创办你的企业）培训和EYB（extend your business，扩大你的企业）培训，帮助创业者和经营者善于创业、创好业。

创业教育与培训师资队伍素质与水平是影响创业教育与培训的重要因素。加强创业教育与培训的师资队伍建设，建设一支高素质、高水平的创业教育与培训师资队伍，为自治区各级创业教育和培训机构开展创业教育与培训打下良好的基础。一是派遣创业教育与培训师到国外学习进修；二是成立广西壮族自治区创业研究机构，开发一套创业培训师培训体系和考核评估体系，培养创业培训师资队伍；三是与国外的领先机构合作在国内进行师资培训，联合培养高素质、高水平的创业教育与培训师资队伍。

## 第四节　优化提升创业融资体系

金融是经济发展的血液和命脉。中国传统的融资途径一般是从血缘亲缘关系开始，其次才是金融信贷机构，最后才有可能是政府的资金扶持。自治区由于市场经济整体开放程度有限、积累不足，创业融资非常困难。破解融资难，自治区的创业扶持政策应该做出积极努力，在破解思路上必须多方合作、多元途径并用。

### 一、健全信用、担保体系，挖掘传统信贷融资潜力

以传统贷款为主的债务融资一直是创业企业的首选和主流渠道。这方面，自治区首先要解决的问题在于金融机构的建设，打好信贷融资的基础。广西金融体系尚不健全，首先的任务就是要按照现代金融的要求，搭建整套的体系、提升相应的服务能力。不断强化"引金入桂"的做法，想方设法鼓励和推动国内较发达地区、国外的银行企业、证券公司、期货保险行业以及信托机构等，

在自治区建立分支场所和服务部门。出台具体的金融扶持政策，对自治区内的地区性银行——北部湾、桂林、柳州银行等，加大改革力度，创新性地发展服务于农村经济发展的合作社、农商银行等新型机构。健全金融产业链条，对自治区缺乏的金融租赁融资、财务公司以及信托、创投等加快探索；在一些担保类的金融中介业务上，也应出台相应的发展细则。鼓励在桂大型国有银行设立中小企业专门信贷机构，鼓励其分支机构增加对中小企业的信贷权限。

逐步完善信用担保体系，架好创业者、创业企业与金融机构的桥梁。将社会信用征集和体系建设放在信用工作首位，形成以企业信用为核心的良好社会信用环境和体系。以中国人民银行南宁中心支行为依托，积极探索广西中小企业信用体系建设，制定实施《广西壮族自治区中小企业信用评价和管理办法》，信用体系要同工商、税务、银行、法院、海关、公安、商会等部门记录中小企业的各项信息进行归并，充分利用计算机网络，把企业信用体系建设同企业纳税信用、财务会计信用、企业家个人信用体系建设有机地结合起来。同时，建设新设企业经营者信用跟踪评估体系，建立信用评估制度，提供良好的征信服务，与商业银行和金融机构做好衔接，促进贷款融资业务顺利开展。在创业政策的设计上，注意培育初创企业的信用意识，指导其建立健全现代财务制度。

加快自治区担保机构的发展。由于自治区担保机构的缺乏，全区融资性担保公司不满200家，且注册资本规模偏小，担保能力有限，建议发展多种类型的中小企业信贷担保机构。例如，以自治区各级政府预算拨款而设立的信用担保机构，企业自我出资、自我服务、自担风险的互助性担保机构，以及企业或社会个人出资设立的纯商业性担保机构，都是自治区可以大量鼓励发展的方向。另外，适时成立再担保机构，开展再担保业务，分散风险，使整体担保体系更健全，抗风险能力更强。

鼓励驻区银行加强对初创企业和中小企业的支持，简化审贷和放贷的程序，提供类似上海浦东的"易贷通模式""金桥直贷通模式"的贷款模式，提供更为便捷的服务。鼓励驻区银行设立创业贷款绿色通道，通过政府担保、联合担保等方式，完善担保体系，降低中小企业尤其是新创立公司的贷款难度，扶持其获得资金支持。采取多种措施，激励自治区内的金融企业在服务中小企业的融资产品种类上不断创新、服务质量和水平上快速提高。在抵质押物类别和应用上，不违反国家相关金融法规的前提下，尝试完善动产质押、专利质押、账户托管、应收款质押、提单质押、仓单质押、收费权、退税款、机器设备抵押等业务，尽可能拓宽新创中小企业的融资渠道。

## 二、大力发展小贷公司，探索民间资本服务实业

小额贷款公司是利用民间资本，推动创业融资的有效途径。自治区中小微型企业的资金缺口规模巨大，小额贷款公司大有可为。2012年8月，自治区政府出台了《关于促进小额贷款公司发展的意见》，《小额贷款公司监管指导意见》《广西壮族自治区小额贷款公司年度考核评价办法》《广西壮族自治区小额贷款公司"十二五"发展规划》等多项规范性文件也陆续出台，对全区小额贷款公司发展提出了明确的要求和扶持政策。小贷公司业务灵活、风险分散、经营秩序较为科学规范，对于中小微企业的资金融通非常有帮助。自治区目前准备大力发展小额贷款公司，努力建设完善小贷公司数量500家，实现1500亿元以上的放款规模。

当前，自治区各级政府要高度重视小额担保贷款相关方面的政策，创造便利和条件，鼓励符合条件的创业者按照相关规定，充分利用政府提供的担保和贴息的小额贷款，获得初创企业的资金帮扶。想方设法破解小额贷款业务发展的瓶颈，例如担保基金问题，尽快增加小额贷款财政贴息的扶持政策，扩大担保基金的数量和规模，降低业务办理的成本和时间，完善小额贷款推荐平台，并加大政策宣传力度。

积极贯彻落实中共十八届三中全会《中共中央关于全面深化改革若干重大问题的决定》，在国家金融政策和法规的框架内，逐步尝试放开金融领域的准入限制，充分利用广西地方民间资本，鼓励具备条件的民间资本设立中小型银

行，增加初创企业和中小企业融资的渠道。2014年广西壮族自治区政府工作报告明确提出，要鼓励并支持民间资本发起设立社区银行、中小银行以及村镇银行，参股商业银行，设立小贷公司等。实际上对于社会资本进入金融业放开了大闸。[1]自治区中小企业规模小、贷款融资规模也不大，而且多数是劳动密集型的企业，一些区域性中小银行和小额贷款公司大有可为。

另外，在民间融资和社会资本的运作上，只要加以规范，完全可以引入基金和私募股权性质的资金。自治区地方各级政府要积极鼓励民间资本发起设立多种形式的私募股权投资，增加创业企业的权益性资金来源。

## 三、引导创业投资，发展资本市场

创业投资是一种面向中小创业企业进行的较高风险的股权投资。广西壮族自治区创业投资起步晚、发展缓慢、规模偏小，在发展中存在着投资资金规模偏小、风险投资专业人才和中介机构缺乏、资金来源渠道狭窄及民间资本利用率低、政府激励机制缺乏、投资退出机制不完善、法制环境建设不完善等问题。

加大对自治区创业投资的政策支持。创业投资的相关政策在国家层面，已经出台诸多条例和办法。其他省区也研究制定了本地区的鼓励政策和意见，在力度上非常大，而广西壮族自治区仅出台了《广西壮族自治区创业投资引导基金管理暂行办法》，配套实施细则也不完善。因此，自治区政府应该尽快在创业投资领域，在量和质两个层面，加大政策支持创业投资的发展。[2]例如，在股权投资企业的税收优惠上，自治区的政策零散地分布在《广西北部湾经济区发展规划》《广西壮族自治区人民政府关于进一步促进民营经济发展的若干措施》等文件当中，没有系统地制定专门政策文件。

---

[1] 2014年广西壮族自治区政府工作报告[EB/OL].（2014-01-22）[2018-12-11].http://leaders.people.com.cn/n/2014/0126/c58278-24229114-2.html.

[2] 张宏元，黄蕾.广西发展创业投资基金的初步思考[J].市场论坛，2012（6）：87-91.

同时，借鉴其他地区的做法，自治区通过设立政府创业投资引导基金，以少量财政资金的杠杆效应，吸引广大社会资本参与创业投资。另外，从政策角度，应该大力鼓励大型企业和驻区金融机构投资设立创业投资公司，鼓励国内外的资本进入自治区进行创业投资。

尽快发展服务于创业融资的区域资本市场体系。加快建设沿边金融综合改革试验区，培育发展多层次资本市场。一是积极开展上市辅导、推进资产优化组合，帮助更多企业在创业板上市；二是积极引进大型券商和其他金融中介机构，提升金融服务水平，激活股票市场服务实业；三是尽快申请"非上市股份有限公司股权转让代办系统"在南宁、桂林、柳州国家级高新区的落地。

## 第五节　创业特色方向的政策引导

创业型经济在其发展过程中，由于本地资源禀赋和社会风情的差异，形成了不同的类型和模式。例如，我国东中部地区在创业经济发展类型上，就明显呈现出两大基本的类型。生存型创业是为了维持生活而没有合理就业时的被动创业类型。这种类型的典型代表地区是温州和苏南，两地创业者很多不属于传统的"体制"内人员，经营的商品和服务多是满足普通百姓日常生活所需，类型上有夫妻创业、家庭经营或者合伙运作等；而机会型创业主要是充满主动性和创新性的、以把握机会、创造财富为目的的创业行为。这类的典范当属中关村的创业群体，他们以高技术含量、高科技队伍为特征，行业上也是信息技术、生物医药等门槛较高的产业，其对创业突出的要求是创新和变革。

广西壮族自治区在创业政策的制定和扶持方向上，应该结合当地情况，调整好自身定位，形成独具特色的类型。从现有的创业情况和资源来看，有几个方向具有较大潜力，在政策上也须向这几个方面倾斜。

## 一、广西创业扶持的几个特色方向

### (一) 以资源、能源型为依托的创业方向

广西矿产资源丰富,分布广泛,是全国重点有色金属产区。自治区已发现矿种近150种(含亚矿种),已探明资源储量的矿产近100种,约占全国已探明资源储量矿种的一半左右。广西壮族自治区的锰、铅、锌、镍、钼、磷、滑石、硫铁矿、稀土、耐火黏土、石膏、膨润土、花岗岩、大理岩、辉绿岩等主要矿产资源高达30余种。其中保有资源储量居全国第一位的是锰、锑;居第二位的是锡、离子型稀土、水泥灰岩;居第三位的是重晶石、独居石(轻稀土)、花岗岩(包括辉绿岩)。

能源方面,煤炭储藏量较大。含煤地层主要有下石炭统寺门组、上二叠统合山组、下侏罗统大岭组及第三系。自治区煤系地层分布总面积为19259平方公里,据统计,全区探明储量约24亿吨,保有储量22亿吨。预测储量17亿吨,其中预测可靠级储量4亿吨。因此创业者可以围绕这些资源能源大做文章,通过产业政策培育一批典型企业。

### (二) 以旅游文化、民族特色为依托的创业方向

自治区地理上的千姿百态、雄奇壮美,其旅游资源分布广泛,自然和人文景观交相辉映。加上自身民俗文化、宗教信仰的吸引力,使得旅游创业成为便捷而环保的政策扶持方向。自治区是少数民族全国最主要的居住地之一,他们在漫长的历史融合中,形成了一些悠久的手工艺文化、特色食品、与宗教相关的产业以及小生意群体。

广西境内各少数民族都以爱唱且擅唱山歌闻名。毛南族的"罗海歌""欢歌",松佬族的"走坡"对歌,京族的"哈歌""海歌",坳瑶的"大声歌",茶山瑶的"香哩歌"等,都具有浓厚的民族特色。八桂少数民族不但能歌,而且擅舞。壮族的师公舞、蚂蜗舞、春堂舞、扁担舞、采茶舞、绣球舞等,瑶族的狩猎舞、瓦鼓舞,京族的跳天灯、跳乐、花棍舞,侗族的哆耶舞,苗族的板凳

舞,仫佬族的牛筋舞等,也都千姿百态,风情各异。丰富多彩的民间游艺和戏剧也是广西各族人民的瑰宝。侗家斗牛惊心动魄,苗族斗马赛马紧张激烈。松佬人嬉戏"凤凰护蛋",侗胞壮胞争先恐后"抢花炮"。壮侗苗瑶斗鸟会妙趣横生,罗城松佬族斗鸡赛别具风情。壮戏、侗戏、毛南戏着装各异,唱腔多样,具有浓厚民族特色。

在全国范围内这些民族特色很有希望被打造成文化品牌,自治区政府完全可以利用创业扶持政策的引导,推动市场力量和社会创业者的智慧,将广西民族文化和现代旅游市场需求衔接起来,打造出一条独特的民族特色创业之路,既挖掘保护传统文化,又增加自治区的经济发展和知名度。

(三)连接东盟的外向型创业方向

中国-东盟自由贸易区(CAFTA),是我国与东盟10个国家共同建设的区域性自由贸易区,简称"10+1"。2002年11月,在第六次东盟与中国领导人会议上,我国签署了《中国与东盟全面经济合作框架协议》,开启了中国-东盟自由贸易区的发展进程。2010年1月1日中国-东盟贸易区全面启动。建立中国-东盟自由贸易区,使我国与东盟国家在经济贸易方面联系更为紧密,是区域性国际经济关系当中的重要标志性事件。自贸区建成后,将拥有19亿人口、接近60000亿美元的GDP、45000亿美元贸易总额,成为发展中国家最大的自由贸易区。广西壮族自治区的天然的地理位置,成为中国与东盟贸易的桥头堡之一。

据统计,2016年上半年,东盟国家高居广西第一大贸易伙伴、第一大出口市场和第一大进口来源地位,外贸进出口额为61亿美元,同比增长30%,占同期广西进出口总值的44.5%。其中,出口48.4亿美元,进口12.9亿美元,贸易顺差35.5亿美元。超七成以边境小额贸易方式进出口,海关特殊监管区域成绩优异;民营企业主导进出口,国有企业增长近1倍。服装及衣着附件出口倍增,进口煤跌幅明显。

如何抓住自治区外贸大发展的机遇,发挥民营经济的优势,走外向型的发展道路,是自治区创业者值得考虑的创业方向之一。

(四)传统优势产业的关联产业创业方向

自治区在近年来的快速发展中,形成了制糖、电力、汽车、机械制造、铝工业、黑色冶金、林浆纸一体化、建材、医药、食品工业等一大批优势产业。14个"千亿元产业"在很大程度上主导了自治区的经济命脉。创业者要利用这种优势,积极挖掘关联产业,"靠大树""傍大款",利用产业集聚和带动效用创业。

同时,我们可以清晰地看到,国内生产要素在市场动力推动下,不少产业正在由东南部向中部和西部地区转移。尤其是近几年来,在优化产业结构、产业升级的浪潮中,西部地区正成为产业转移的新热土。对于后发展、欠发达的广西地区,积极抓住这个机会,是加快发展、缩小差距的最佳捷径。在短期内广西的人口红利和低成本劳动力仍然具有比较优势。自治区创业者可以利用这种转移机会进行创业。

(五)服务行业创业

服务业是经济"转方式、调结构"的重要战略手段。服务业发展得好,不但能够促进其他行业的快速、健康发展,而且服务业本身也为经济增长贡献财富。就创业者而言,服务行业一般投资小、见效快、风险低、技术要求低,颇受欢迎。

2010年,《关于进一步加快我区服务业发展的决定》(桂发〔2010〕34号;以下简称《决定》)文件出台,对广西的服务行业发展提出了战略性部署和安排。该决定提出自治区服务业的增加值增速,要高于全区GDP增速20%以上,将自治区建设成服务业最发达的西部省区之一,将服务业未来发展的定位为商贸流通、信息服务、旅游以及会展、中介服务等新兴产业,力争自治区的服务业发展与全区的经济社会发展相适应。创业者可以在这些行业中寻找细分切入点,较快地创业。

## 二、特色政策的考量与完善

众多创业成功者的经验表明,在国内的情况下,政府扶持和支持的产业方向,较易取得成功。以上结合自治区实际提出的五大创业方向,在政策上需要保驾护航,给予倾斜和扶持。

一是为特色产业制定特色的、专门的政策,专项扶持。目前,自治区出台的专门性产业扶持政策有关于文化创意产业的,也有些是针对比较细的产业方向政策。上述五个方向,是符合广西实际情况的五种类型创业方向。要尽快出台相配套的专门性特色政策,既能够帮扶创业者和创业企业,又能够引导产业发展,将促进创业、增进就业和区域经济发展密切结合起来。

二是为特色产业发展开辟绿色通道,创造环境引领创业热点。在以上几种创业领域,地方政府出台指导性政策,列出较为具体可操作性的项目目录;由创业人员的基层政府及其部门提供信用担保,降低创业人员身份和出资条件的限制;部分小的创业项目凭身份证就可申办注册,资金可以后期到位;在场所上无须要求商业处所,可以以家庭住所作为经营地址;在证照审批上对这些特色项目免收部分行政性或事业性收费。在税收政策上实行优惠税率,引导园区、创业孵化基地的创业者向这些产业方向靠拢。

三是帮扶措施的具体落实。各级政府相关部门,要设立创业方向引导工作的常设机构,落实全区关于创业特色方向的具体政策措施。在具体的帮扶形式上,向特色创业方向所需的土地等资源进行倾斜;组建、督促、引导发展行业协会,促进特色产业集聚发展,提高创业成功率;选择较为成熟的创业企业,进行地区品牌塑造,政府部门帮扶国内外的推介工作。

# 第六节　创业商务环境的改善与配套服务体系

## 一、营造公平竞争的区域性市场体系

中共十八届三中全会《中共中央关于全面深化改革若干重大问题的决定》中明确指出，要"加快完善现代市场体系"。结合自治区近年来的发展经验和实际情况及未来目标，首要的任务就是要打造一个"区域性开放"、有序竞争的规范市场体系。就广西壮族自治区而言，需要尽快在自治区范围内发挥市场在资源配置中的决定性作用，加快形成企业自主经营、公平竞争，打破各种壁垒，多种市场要素自由流动，公平、高效的资源配置，形成完善的现代市场体系。

首先，在有限的权限范围内，对现行国有管理体制进行微调整，为民营经济挤出更多空间。目前，我国的国有企业体制可以粗浅地分为两大类，一类是中央直属企业，另一类是地方性的国有企业。尽管在桂的中央直属企业管理权限不在自治区政府，但是对于自治区的国有企业，在某些领域和程度上，可以逐步放开竞争，允许民营经济主体进入。对于中央企业的关联产业，属于地方能够介入和开展合作的领域，也可以鼓励自治区民营经济参与。这种调整，我们称之为"微调整"。

其次，要加强市场监管，逐步建立公平透明的市场规则，为民营经济和广大创业者提供一个公平竞争的大市场平台。实行较为统一的区域性市场准入制度，除少数公共性较强的领域之外，各类市场主体可依法平等进入。自治区的工商行政服务更加高效便利，在注册、审批、证照的办理和审查上，减少障碍、力求达到国内其他地区的同等待遇。市场监管上，统一标准，对部分地区的不合理监管、过度监管予以清除，打造自治区大范围内的一致监管标准，营造市场的公平、公正环境。

在非公经济发展上加大鼓励力度。个体创业企业、家庭创业企业和民营企业，都是区域经济活力的代表者和推动者。改革开放四十年来的经验告诉我们，必须让非公经济和公有经济拥有同等的权利、机会和市场规则。只要能激发和推动经济活力，实现经济社会发展，非公经济可以参股、入股国有企业，多种经济成分共同经营。对非公创业企业，要在创业投资设立、产业扶持、技术鼓励等多方面，打造非公企业创业创新的软环境，让自治区成为创业者大干一番的热土和乐园。

## 二、完善创业相关的中介服务配套

（一）培育创业中介服务体系

自治区创业社会中介服务也急需完善功能。运作规范、服务高效的社会化服务体系，对于创业者的帮助很大，尤其是对于降低初创企业的生产和服务成本有着深远的意义。自治区各级政府不断引入和完善创业中介服务机制，强化服务机构建设，为初创公司提供技术评估、项目可行性分析、市场调研、政策咨询、融资指导以及管理技能和创业技术培训，提供会计、审计、法律、信息等方方面面的扶持，营造"保姆"式服务，降低创业的运营成本和失败风险，让创业者不再是自生自灭、孤独的个人奋斗者。

第一，创业信息咨询与创业辅导机制的建立。自治区各级地方政府应设立为创业者提供市场产品需求分析、市场风险预期以及发展趋势了解等相关信息的专门机构。同时在条件允许时建立公益性质、专业性突出的咨询机构。例如在美国，很多退休企业家与技术人员组成了"退休人员咨询团"，专门为中小企业提供诸如国家考察、拓展国际贸易等的免费信息咨询。因此，在各方面条件匹配下，自治区可以尝试建立"创业辅导员队伍"，各地要将有创业经验、熟悉创业政策、热心创业服务的优秀企业家（包括离退休人员）、行业专家、管理咨询专家、财税和法律等专业服务人员组织起来，建立一支专职与志愿相结合的创业辅导员队伍，为创业者服务。

第二，要为企业配套提供技术创新和开发服务以及法律服务支持。初创企业本身多是中小规模的公司，面临市场等多方面风险，无暇也没有能力应对技术上的升级改造和创新，政策应该为他们提供配套融资和技术服务，创立一些公立的技术实验场所，提供扶持；同时，在建设社会主义法治经济的道路上，对新创企业的小标的法律纠纷，政策上可以出台时效性强、程序便捷的绿色法律服务通道，加快调解和处理纠纷。

第三，成立商业与专业基础设施服务机构的行业协会，由行业协会开展商业与专业基础设施服务行业标准制定、资质认定、信用监督、质量考核和调解纠纷等工作，加强对商业与专业基础设施服务机构所提供中介服务的监督，并推广对商业与专业基础设施服务机构ISO系列标准和国际标准认证，为自治区中小企业创业提供便利、优质、高效的中介服务。

第四，针对初创期企业外部资源利用有限的弊端，自治区政府应发挥统筹协调的优势。譬如，建立科技产业园区，引进外商或制定优惠政策促进大学、科研所与中小企业的合作，借助外部先进的管理生产经验，促进初创期中小企业发展缓慢蜕变的过程，帮助中小企业产业升级、技术更新换代、扩大市场占有量等。

第五，设立专项扶持资金，降低商务服务成本。由于新成立或成长型中小企业的实力有限，在其最需要商业与专业基础设施提供中介服务的创业阶段，因难以承担昂贵的中介服务费用而得不到所需要的服务。自治区政府可以每年拨出一定的专项资金，用于资助新成立或成长型中小企业所需要的中介服务。设立专项扶持资金，变相降低新成立或成长型中小企业获得中介服务的费用或商务成本，例如，设立"中小企业创业中介服务补助基金"，主要用于资助需要获得营销策划、中高级人才服务、管理运营策划咨询、企业形象设计、发展战略规划、人力资源培训、融资服务、法律顾问、会计事务、招商引资、企业信息化服务、流动资金贷款等服务的新成立或成长型中小企业。补助基金由新成立或成长型中小企业直接提出申请，并由政府直接根据标准拨付给相应的商

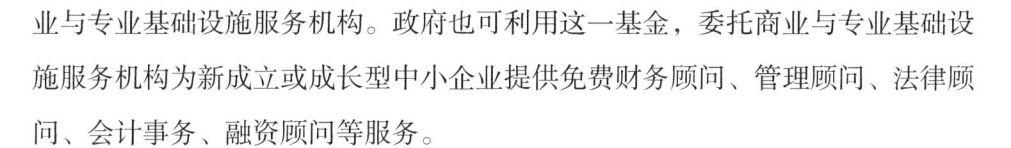

业与专业基础设施服务机构。政府也可利用这一基金，委托商业与专业基础设施服务机构为新成立或成长型中小企业提供免费财务顾问、管理顾问、法律顾问、会计事务、融资顾问等服务。

（二）打造创业基地和对接平台

完善的创业基地和平台，是自治区创业者的沃土。自治区各级政府应加强创业基地建设，为创业者搭建各种形式的创业基地与平台，发挥其政策、资源、产业集聚等众多优势，引领地方创业趋势、助推创业浪潮。

（1）一是规范创业基地健康发展。为推动创业产业基地的健康发展，提供给创业者更优化、更有效的帮助，可通过对地区创业基地进行统一评比，选择发展成熟、服务完善的作为典范，树立标杆，发挥示范带头作用。二是加强创业基地的社会服务功能。当前我国创业基地服务在提供更多个性化的服务方面还有所欠缺，这就需要政府进一步强化基地服务，结合自治区实际走一条自建与引进相结合的道路，吸引更多优质的中介服务机构入驻基地，为创业企业提供更多、更好的服务。同时，政府可组织工商、科技、财税等与创业企业密切相关的业务部门加大对入驻基地的企业的服务，如加强业务指导、政策咨询、技术沟通等。三是在基地内部，针对创业群体的不同特点，促进基地走出一条特色化发展道路。推动一批有特色、有想法的企业走在前面，实行差异化发展，针对特殊群体如下岗职工、应届大学生、残疾人等提供差异化、特色化服务，为他们在创业、就业过程中解决困难，帮助他们实现自己的人生梦想。

（2）一是要积极搭建、拓宽创业项目的对接平台。对有创业想法的群体而言，良好的项目选择直接关系创业的成败与今后的发展。但是初创企业大多资金有限、信息有限，选择项目的范围有限，这就需要政府发挥其职能作用，主动搭建一些项目对接平台，提供更多可供创业者选择的适合项目，以便创业者后期进行筛选。例如，武汉多地市就以举办创业赶集会的形式，为有创业想法的人提供机会。这种形式的活动应该多办，而且在全国各大城市都可以推广，自治区也可以尝试这种民间的"全民创业赶集会"。二是由政府引导，组织举行创业投资座谈会。这是一种以组织创业项目所在方、创业者、投资公司三方共同参加的投资咨询会，在这种形势下，政府负责推荐一类重点的创业项目，三方自由沟通，便于创业者寻找创业项目以及后期项目投入的融资问题解决。三是在当前信息化、产业化条件下，开展各种网络对接活动。依靠各类网络媒体、创业网站、电视台等网络中介服务机构，在创业项目、创业途径乃至创业具体方案的实施等通过网络向社会公布征集意见或建议。四是实行"自助超市"式对接服务。依托创业赶集会、部门单位推荐、社会征集等方式形成项目储存库，在此项目库里，轮流向中小企业展示各类创业项目，吸引更多有想法创业的创业者像"逛超市"一样，"入库"选择项目。

## 三、创业人才与知识产权保护

(一) 创业人才引进和发展政策

人才是创业的主体和核心所在。创业是以创业者为主导的一项事业，相对于就业，投身创业事业需要的是复合型的人才。所以，自治区应当建立起自主培养和外部引进并重的创业人才发展政策，坚持海纳百川的精神，打造广西特色的创业、创新型人才培育高地，努力造就一大批具有世界水平的创业人才和管理团队，提高区域创新创业人力资源的使用效率与效益。

本着引进与发展的目标，创新人才流动的相关政策。一是在引进人才方面，对一些高层次、高素质、技术性人才在生活、工作、创业政策等多方面给予优惠，吸引人才的流入。这方面其他地区，如温州、深圳，大多以重金吸引外部优秀人才，自治区在某些领域，也可以在政策上倾斜。二是制定弹性的人才流动政策，人才的来与去是扩大本区域人力资源包容量的手段和工具。例如，自治区提出的"不求所有，但求所用"的人才思想，就具有较好的实际效果。三是为吸引更多的外省市投资者在自治区创业，就应该进一步取消现有政策中户籍限制的条件，减少创业者的条件限制，使优秀人才愿意来到广西，增强其认同感与归属感。

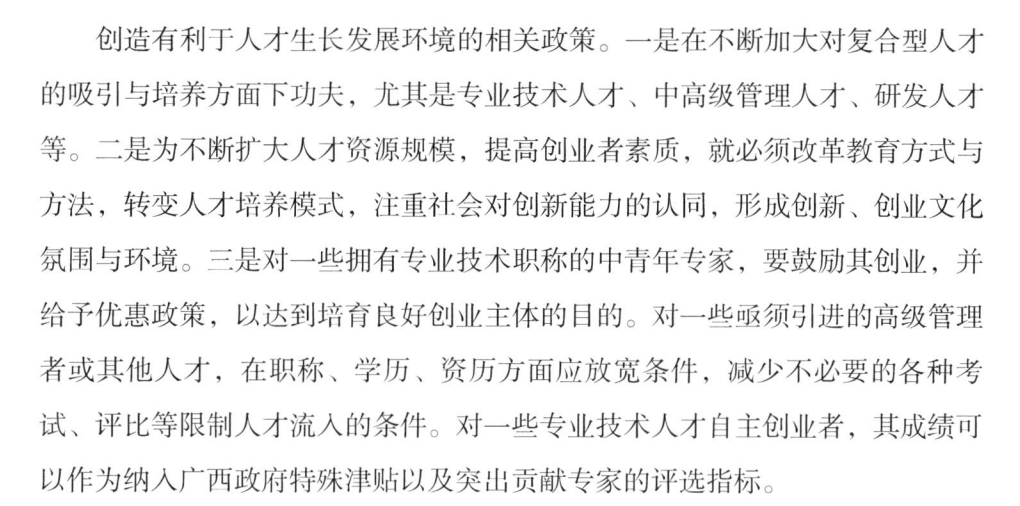

创造有利于人才生长发展环境的相关政策。一是在不断加大对复合型人才的吸引与培养方面下功夫，尤其是专业技术人才、中高级管理人才、研发人才等。二是为不断扩大人才资源规模，提高创业者素质，就必须改革教育方式与方法，转变人才培养模式，注重社会对创新能力的认同，形成创新、创业文化氛围与环境。三是对一些拥有专业技术职称的中青年专家，要鼓励其创业，并给予优惠政策，以达到培育良好创业主体的目的。对一些亟须引进的高级管理者或其他人才，在职称、学历、资历方面应放宽条件，减少不必要的各种考试、评比等限制人才流入的条件。对一些专业技术人才自主创业者，其成绩可以作为纳入广西政府特殊津贴以及突出贡献专家的评选指标。

（二）研发转移与知识产权的保护政策

广西在我国并不是非常引人注目的研发重心和中心，需要做出更多的努力来寻求突破。

在自治区政府不断重视自主创新、建设创新型广西的大背景下，一是要采取各项优惠政策对各种人才的研发动力进行有效激励。例如实行年薪制、股份（权）年终分红等进行年终收益激励；还可通过授予各种荣誉、职称升级、外派学习等精神奖励的方式。

二是要积极推进创业企业与自治区高校的合作，将一些有较大应用价值和良好市场前景的重点技术项目，尽快地推向生产和市场。政策上一方面增加高校科技研发经费，促进高校研究中心多出成果、快出成果、出好成果；另一方面在成果商业化过程中，减免部分税费，合理提高技术转化补贴，提供给企业全方位的扶持。

三是要对于区外国内甚至国际的技术成果，政府可以通过举行技术商洽会、项目对接会等形式，将区内创业者与区外技术成果对接，促进引入先进技术和最新科研成果，活跃广西创业经济，提高企业经营和竞争实力。

四是要积极利用自治区现有的科技企业孵化器，在广西的特色优势产业，如装备制造、新能源汽车、生物及新医药等领域，通过吸引大批高素质科技人才，促进关键技术创新，大幅度提升科技园区和孵化基地的自主创新能力和水平。

五是建立更多中间性实验基地。对于投资大、周期长的项目，技术成品不可能一次性就投入生产，只就需要在研发品样品出来时，进行中间性试验，进行规模化生产前的样品检验。据调查，经过中间性检验再投入大规模生产的项目八成达标成功，而未经检验直接投入生产的成功率仅为百分之三十。目前我区除化工等行业具有中试基地外，其他行业急需配套中间试验基地。

不断加强知识产权的保护力度，健全技术创新激励机制。知识产权的保护直接影响创新者的回报和创新动力。知识产权侵权问题在我国屡禁不止，自治区近年来也发生过不少侵权事件。

对于自治区企业创新、技术改革的知识产权保护问题，在政府层面，要做好相关法律法规的制定与完善工作，为企业创新与改革保驾护航；还要进行大量普及的法制宣传，使保护知识产权的意识深入人心，让整个社会互相监督，让一切剽窃他人知识产权的行为受到法律的严惩。

作为市场竞争中的弱势群体，初创企业的知识产权保护尤为重要，这对企业发展壮大有着重要意义。但是，很多中小企业缺乏建立自主品牌意识，商标维权意识淡薄，因此，政府势必要建立专门的知识产权管理机构，配备专业人员，制定、完善各项法律法规政策，为企业在遇到知识产权侵权问题时提供专业的咨询服务，利用完善的政策实施，真正维护好初创企业的权利。同时，也教育创业者认识企业自身技术创新、产品升级的重要性。

总之，任何政策、法律法规的正常有效运转都不是一朝一夕、某一个部门就能解决的问题，需要政府、企业、社会形成合力，使保护知识产权、维护自身权利的意识内化为人人愿意遵守的社会准则。

### 四、规避创业风险机制与创业退出机制

无论在任何地区、何种行业，创业都是一个高风险的行为。创业风险既含

有创业企业的破产，也包含着创业者个人的失败。自治区在这方面要出台相关的政策措施，降低创业风险。

首先，在社会保障方面要给予更全面的覆盖。很多创业者在创业初期除了面对事业发展的压力，还要承受个人生活方面的困难，因此积极协调社保部门，提供政策倾斜，在健康保险、医疗保障、退休、养老保险方面增强保障力度，让创业者成有所获、败亦有所依，放手阔步走向市场。逐步加快社会保障制度的建设与社会保险制度完善，为创业者与企业劳动者提供生活最低保障、职称评定以及人事管理的便利举措。

其次，要探索建立集群防风险制度。对初创企业自身而言，由于资金紧缺、基础薄弱，抗风险能力差，很多西方国家在中小企业创业发展过程中，组建了小企业产业集群——同行业创业协会。该协会的目的就是帮助初创期的中小企业通过集群优势互补的条件，尽量多地利用好地方资源、人才、政策优势。同时在技术更新换代、管理经验的交流等方面以集群的方式抵御未知风险。因此，自治区政府在已有创业集群的地区，要组织各中小企业在创立之初就加入协会。在没有建立行业协会的地区，应该积极鼓励、帮助他们建立，以帮助中小企业提升抗风险能力。

最后，要大力推进资本市场建设。相对于创业者而言，创业项目的投资者同样具有高风险性。创业风险投资的基本追求就在于高额的资本回报，在创业者的企业进入平稳发展的阶段，投资主体往往选择退出资本，获取高额利润，而不会陪同创业企业继续走下去。所以，对于创业资本的退出，应该及早设计和考虑一套照顾创业者和创业投资者两者利益的机制。在目前的创业投资路径和方式上，国内和国际上的做法非常多元。例如，常见的方式是创业者自身回购、寻找新的投资人"接盘"或者通过公开或不公开的股份权益转让，还可以通过IPO途径解决。这个过程中，最重要的是创投市场的建设，譬如创业企业或项目的回购市场、股份股权交易转让市场以及中小创业板等多种市场体系。从自治区的发展实际来看，我区目前对于创业板和非上市股份有限公司股权转让代办系统的需求尤为迫切。因而,从创造条件、健全创业投资者退出机制的角度考虑,大力推进资本市场建设推动创业企业进入资本市场是公共政策改进的一个重点。

# 参考文献

（一）中文参考文献

本刊综合.国务院出台最新就业创业政策[J].就业与保障，2017（11）：19-23.

柴茂昌，曾志敏.完善创业企业人力资源管理政策[J].开放导报，2016（06）：57-60.

陈丽君，傅衍.人才政策执行偏差现象及成因研究——以C地区产业集聚区创业创新政策执行为例[J].中国行政管理，2017（12）：95-100.

陈瑞琛.财税扶持创新创业发展的国际经验借鉴——结合日美德三国政策分析[J].科技经济市场，2018（04）：104-106.

程华，等.浙江科技人才创新创业政策的测量及演变[J].科技与经济，2018，31（03）：70-74.

董舟，金个.政策环境对中小企业创业绩效影响的实证研究[J].产业与科技论坛，2018，17（19）：81-82.

段夏川，白鹏.事业单位科技人员创新创业激励政策研究[J].中小企业管理与科技（下旬刊），2017（09）：15-16.

方燕.微创业的政策支持实效性研究[J].智库时代，2018（31）：135-137.

高师妍.双创背景下大学生创业政策研究[J].邢台职业技术学院学报，2016，33（05）：29-33.

顾小波，朱宁，张倩.创业投资企业投资抵减税收的政策效应分析[J].天津经济，2017（03）：39-42.

中共潍坊市委，潍坊市人民政府.关于支持人才创新创业的若干政策[N].潍坊日报，2018-03-28（003）.

广西壮族自治区人力资源和社会保障厅就业促进处.广西出台就业创业十一条新政策[J].人事天地，2017（11）：49.

何志涛，张铭洋，聂毓含.创业政策对大学生创业心理资本的影响分析——高校思想政治教育的新视角[J].中国新通信，2018（22）：234.

黑龙江大学创业教育学院.完善政策建构机制 重视人才培养路径[N].中国社会科学报，2018-12-17（007）.

胡勇辉.完善税收政策促进创新创业[N].深圳特区报，2016-10-25（B10）.

华晓芳.大学生创业的政策环境及其优化策略[J].沈阳师范大学学报（社会科学版），2018，42（03）：107-111.

焦洪磊，等.大学生创新创业政策优化研究[J].智库时代，2018（31）：272-275.

孔凡柱，赵莉.创业政策对新生代农民工创业意愿和行为的差异化影响[J].江苏农业科学，2018，46（20）：355-361.

李丽萍.创新创业生态系统的激励机制和政策工具研究[J].辽宁经济职业技术学院.辽宁经济管理干部学院学报，2018（04）：44-46.

李能斌.发挥政策资金作用 大力支持创新创业[J].预算管理与会计，2017（10）：47-48.

李志更，王琳.创业孵化机构发展政策分析[J].中国人事科学，2018（Z1）：89-95.

梁翠，王智新.促进大众创业万众创新的知识产权保护政策研究[J].科学管理研究，2017，35（06）：16-19.

林泓宇.政策引导与文化驱动：以行动者网络理论分析大学生创新创业困境[J].教育评论，2017（06）：79-81，107.

刘新民，等.创业政策对创业企业迁徙决策的影响分析[J].软科学，2018，32（09）：39-42.

刘新英，莫俊森，纪军.广西科技型中小企业创新创业政策环境探讨[J].企业科技与发展，2016（12）：15-18.

马鹤丹，王乐.农民工返乡创业政策体系分析[J].现代营销（经营版），2018（09）：52.

马泽方.创业投资涉及的各主体所得税优惠政策解析[J].财务与会计，2018（13）：41-43.

孟丽菊，李盼.创业教育的兴起：学术引领与政策导向的双螺旋驱动——基于文献综述的视角[J].辽宁师范大学学报（社会科学版），2018，41（05）：49-57.

倪宪辉.高校毕业生就业创业促进政策研究[J].辽宁经济职业技术学院.辽宁经济管理干部学院学报，2018（05）：56-58.

潘炳如.创新创业教育政策满意度分析[J].中国高等教育，2017（12）：43-45.

曲婉，冯海红.创新创业政策对早期创业行为的作用机制研究[J].科研管理，2018，39（10）：12-21.

佚名.全国多地推出创业利好政策[J].成才与就业,2018(10):45.

宋凤轩.完善政策体系助力科技型中小企业发展[N].河北经济日报,2018-05-26(007).

宋敏.创业园区财务政策扶持相关研究[J].会计师,2017(20):19-20.

宋哲,任宇,何振华.创业投资企业和天使投资个人有关税收试点政策解读[J].中国税务,2017(10):44-47.

田伯韬,罗东升.破除思想禁锢 推动就业创新——襄阳市大学生就业创业支持政策研究报告[J].中国就业,2018(11):46-47.

王福鸣,董正英.资金支持政策对创业影响的Meta分析研究[J].研究与发展管理,2018,30(03):133-144.

王芹.优化服务完善政策,积极促进农村劳动力就业创业[J].农业开发与装备,2017(11):16-17.

王显玲,等.创新创业背景下贫困大学生资助政策研究[J].纳税,2018(16):177-179.

王晓伟.促进就业创业的财税政策分析[J].知识经济,2018(12):41-43.

王子明.政策扶持 平台助力 全面打造留学人员创新创业沃土[J].山东人力资源和社会保障,2016(11):18-19.

肖泉波.北京市大学生互联网创业政策研究[D].昆明:云南财经大学,2017.

谢香兵,李辰哲,段晓宇."双创"政策支持、个人特质与大学生创业意愿——基于河南省大学生的问卷调查分析[J].郑州航空工业管理学院学报,2018,36(05):62-73.

杨丽敏.创业政策对高职学生创业动力的影响实证研究[J].山西农经,2017(15):144-145.

杨新,张凤凉.创业政策、社会网络与青年创业绩效的关系——基于政策获取能力的中介效应分析[J].科技创业月刊,2018,31(07):1-5.

余玉蝶,等.大学生创新创业政策的有效性评估和优化研究——基于模糊综合评价模型[J].现代商贸工业,2019,40(02):80-82.

袁帅.创业企业:好创意更需好政策[J].小康,2018(30):40-41.

张洁.发达国家高层次创新创业型人才开发的政策与启示[J].科教文汇(下旬刊),2018(11):151-152,160.

张露.大学生创业政策实效性研究综述[J].纳税,2018(13):227-230.

张若瑾.创业补贴、小额创业贷款政策对回流农民工创业意愿激励实效比较研究——一个双边界询价的实证分析[J].农业技术经济,2018(02):88-103.

张永安,张瑜筱丹.创新创业政策对区域新动能支撑效率的多视角分析[J].科技进步与对策,2018,35(16):113-120.

张则瑾,万劲波.大学生创新创业现状与政策支撑体系研究[J].技术与创新管理,2017,38(04):349-353.

张政君,杨红松.落实优惠政策 优化创业环境——河南省新密市人社局深入推进全民创业促进就业工作[J].人才资源开发,2018(15):29.

赵光辉.我国人才创业的特点、问题及政策建议[J].现代管理科学,2018(06):97-99.

周邦华,林冬冬,刘刚.创业政策的多维效用与评价:一个文献综述[J].商业经济研究,2017(12):188-190.

朱红根.政策支持、监督响应与农业龙头企业绿色创业[J].西北农林科技大学学报(社会科学版),2018,18(06):121-128.

朱满.促进创新创业的税收政策现状和问题研究[J].江苏科技信息,2018,35(17):22-24.

## (二)英文参考文献

AUDRETSCH D B,THURIK A R. A model of the entrepreneurial economy [J].International journal of entrepreneurship education,2004,2(2):143-166.

AUDRETSCH D B,THURIK A R. Capitalism and democracy in the 21st Century:from the managed to the entrepreneurial economy*[J]. Journal of evolutionary economics,2000,10(1-2). EVANS D S. Small business economics [J]. Small bus ccon,1989,1(1).

AUDRETSCH D B,THURIK A R. What's new about the new economy? sources of growth in the managed and entrepreneurial economies [J].Industrial and corporate change,2001,10:267-315.

BALDWIN J,PICOT G. Employment generation by small producers in the Canadian manufacturing sector [J]. Small business economics,1995,7(4).

WENNEKERS S,THURIK R. Linking entrepreneurship and economic growth [J]. Small business economics,1999,13(1).

BUSENITZ L,et al. Entrepreneurship research in emergence:past trends and future directions [J].Journal of management's,2003,(29):285-308.

# 参考文献

BUSENITZ L W, Barney JB. Differences between entrepreneurs and managers in large organizations: biases and heuristics in strategic decision-making [J]. Journal of business venturing, 1997, 12 (1): 9-30.

BYGRAVE W. Building an entrepreneurial economy: lessons from the United States [J]. Business Strategy Review, 1988, 9 (2): 11-18.

CARLSSON B, TAYMAZ E. Flexible technology and industrial structure in the U.S.[J]. Small business economics, 1994, 6 (3).

CHOI Y B. Conventions and economic change: a contribution toward a theory of political economy [J]. Constitutional political economy, 1999, 10 (3).

CHOI Y B. Entrepreneurship and envy [J]. Constitutional political economy, 1993, 4 (3).

CIPOLLA C M. Before the industrial revolution: European society and economy.2nd edition. Cambridge [M]. U.K: Cambridge University Press, 1981: 1000-1700.

CLARKE R, ARAM J. Universal values, behavioral ethics and entrepreneurship[J]. Journal of business ethics, 1997, 16 (5).

COLLINS J. Cultural diversity and entrepreneurship: policy responses to immigrant entrepreneurs in Australia [J]. Entrepreneurship & regional development, 2003, 15 (2): 137-149.

CONNER K R. A historical comparison of resource-based theory and five schools of thought within industrial organization theory: Do we have a new theory of the firm [J] Journal of management, 1991, 17 (1): 121-154.

COURTNEY H, KIRKLAND J, VIGUERIE P. Strategy under uncertainty [J].Harvard business review, 1997, 115 (6): 67-79.

DEGADT J. For a more effective entrepreneurship poli-cy: perception and feedback as preconditions [J]. Rencontres de-saint-Gal, 2004, (05): 8-10.

DJANKOV S, PORTA R L. Florencio lopez-de-silanes, andrei shleifer [J].The regulation of entry.quarterly journal of economics, 2002, 117 (1): 1-37.

EISENHARDT K M, SCHOONHOVEN C B. Organizational growth: linking founding team, strategy, environment, and growth among u.s. semiconductor ventures, 1978-1988 [J].Administrative science quarterly, 1990, 35 (3): 504-529.

GARTNER W B. A conceptual framework for describing the phenomenon of new venture creation[J]. Academy of management review, 1985, 10 (4): 696-706.

GLAESE R, et al. Growth in cities[J].Quarterly Journal of Economics, 1992, 100: 1126-1152.

HART D M.Emergence of enirepreneurship policy [M]. U.K: Cambridge University Press.

HEIRMAN A, CLARYSSE B. How and why do research-based start-ups differ at founding? a resource-based configurational perspective[J]. The journal of technology transfer, 2004, 29 (3-4).

HOLCOMBE R G. Entrepreneurship and economic growth [J]. The quarterly journal of Austrian economics, 1998, 1 (2).

HOLCOMBE R G. Entrepreneurship and economic growth: Reply [J]. The quarterly journal of Austrian economics, 1999, 2 (2).

HOLCOMBE R G. Progress and entrepreneurship [J]. The quarterly journal of Austrian economics, 2003, 6 (3).

JIAN G. Structural change, environment and policies of entrepreneurial firms in China [EB/OL]. (2002-02-03) [2018-12-19].http: //www. Igw. Unisg. chPrencontresPband2002PD-02-Gao.

JOEL M. The lever of riches: technological creativity and economic progress[M]. New York: Oxford University Press, 1990.

KONING S J. Gross job flows and the evolution of size in U.K. establishments [J]. Small business economics, 1995, 7 (3).

KURATKO D F,HORNSBY J S, BISHOP J W. Managers' corporate entrepreneurial actions and job satisfaction[J]. The international entrepreneurship and management journal, 2005, 1 (3).

LÓPEZ-DUARTE C, GARCÍA-CANAL E. The effect of firm and host country characteristics on the choice of entry mode: empirical evidence from spanish firms[J]. Journal of management and governance, 2002, 6 (2).

LOW M B, MACMILLAN I C. Entrepreneurship: past research and future challenges [J].Journal of management, 1988, 14 (2): 139-161.

LUMPKIN G T, DESS G G. Clarifying the entrepreneurial orientation construct and linking it to performance [J].Academy of management review, 1996, 21 (1): 135-172.

LUNDSTROM A, STEVENSON L. Entrepreneurship policy: theory and practice [M]. New York:

# 参考文献

Springer, 2005: 1-35.

LUNDSTROM A, STEVENSON A L. Entrepreneurship policy: theory and practice [J].Springer science and business meoia, 2005, (01): 35-46.

MEYER D G, HEPPARD K A. The evolution of the field of entrepreneurship [J].Sage publications. inc, 2000.

ROBERT A B. Cognitive mechanisms in entrepreneurship: why and when entrepreneurs think differently than other people [J].Journal of business venturing, 1998, 13 (4): 275-294.

ROBSON G B, GALLAGHER C C. Change in the size distribution of UK firms [J]. Small business economics, 1994, 6 (4).

SALAMON M L, ELLIOT O V. Tools of Government: a guide to the new governance [M]. New York: Oxford University Press, 2002: 21.

SHANE, SCOTT A. Where is entrepreneurship research heading[C].Conference paper on technological entrepreneurship in the emerging regions of the new millennium,2001: 35.

TURCAN R V. Toward a theory of international new venture survivability [J]Journal of international business studies, 1994, (25): 45-64.

VENKATRAMAN N, RAMANUJAM V. Measurement of business performance in strategy research: a comparison of approaches[J].Academy of management review, 1986, 11 (4): 801-814.

WORLD BANK. East asian miracle economic growth and public policy · world development report [M].New York: Oxford University Press, 1993.

YU T F L. An entrepreneurial perspective of institutional change [J]. Constitutional political economy, 2001, 12 (3).

# 附录　广西壮族自治区创业环境调查问卷

## 广西壮族自治区创业环境调查问卷

(专家/企业家)

尊敬的专家/企业家：

您好！

首先非常感谢您在百忙之中填写我们的问卷，由衷地感谢您对我们工作的支持！

为了进一步科学地了解广西创业环境，研究促进广西创业环境的优化，促进自治区的创业活动，为我区改善创业环境、制定创业政策、活跃创业活动、促进经济增长提供重要参考，"广西创业环境研究小组"设计了本次调查问卷，希望得到您的支持和帮助。

恳请您根据实际情况和本人的真实看法填答本问卷，并不要遗漏任何一题。本调查纯属学术研究，采取匿名方式进行，所搜集资料只用于整体样本分析，不涉及个案，问题答案无所谓对错，个人和企业信息将绝对保密，敬请您放心填答。

谢谢您的大力支持！

广西创业环境研究小组

2017年10月

本调查问卷共分三部分。

## 第一部分　基于GEM创业环境的问卷

广西创业环境的测量分为14个话题，每个话题又有5—7个具体的指标，请对每个具体指标做出选择。

填答说明：请您根据对下列陈述的赞同程度进行选择，每行限选一项，即全部为单选，请直接在相应的数字上打钩、画线或画圈（示例：1 或 1，或①），其中：1＝很不符合；2＝比较不符合；3＝很难说；4＝比较符合；5＝非常符合。

| A. 您认为：在广西，金融支持对创业活动的影响情况是： | 很不符合　　　非常符合 |
|---|---|
| A1 有充足的权益资金提供给新成立的和成长型公司 | 1　2　3　4　5 |
| A2 有充足的债务资金提供给新成立的和成长型公司 | 1　2　3　4　5 |
| A3 有充足的政府补助提供给新成立的和成长型公司 | 1　2　3　4　5 |
| A4 有充足的个人(除创造人)资金提供给新成立的和成长型公司 | 1　2　3　4　5 |
| A5 有充足的创业资本提供给新成立的和成长型公司 | 1　2　3　4　5 |
| A6 有充足的首次公开发行(IPO)融资渠道提供给新成立的和成长型公司 | 1　2　3　4　5 |
| B. 您认为：在广西，政府政策对创业活动的影响情况是： | 很不符合　　　非常符合 |
| B1 政府政策(如公开采购)一直对新成立的公司优惠 | 1　2　3　4　5 |
| B2 地方政府规定政策时优先考虑扶持新成立的和成长型公司 | 1　2　3　4　5 |
| B3 新成立的公司可以在一周内获得所需要的准许和许可证 | 1　2　3　4　5 |
| B4 税务机构不构成新成立的和成长型公司的负担 | 1　2　3　4　5 |
| B5 政府对新成立的和成长型公司的税务和其他管制是可预见和稳定的 | 1　2　3　4　5 |
| B6 新成立的和成长型的公司在应付政府官僚机构、规章制度及许可证方面不是特别难 | 1　2　3　4　5 |
| C. 您认为：在广西，政府项目对创业活动的影响情况是： | 很不符合　　　非常符合 |
| C1 新成立的和成长型公司可以通过单一的代理机构获得政府广泛支持 | 1　2　3　4　5 |
| C2 科技园和企业孵化器给新成立的和成长型公司提供了有效的支持 | 1　2　3　4　5 |
| C3 有足够数量的政府项目提供给新成立的和成长型公司 | 1　2　3　4　5 |
| C4 政府机构工作人员能够胜任那些支持新成立的和成长型公司的工作 | 1　2　3　4　5 |
| C5 几乎所有想从政府项目中获得帮助的新成立和成长型公司都可如愿 | 1　2　3　4　5 |
| C6 政府对新成立的和成长型公司的支持项目是有效的 | 1　2　3　4　5 |

附录　广西壮族自治区创业环境调查问卷

续表

| D. 您认为：在广西，教育和培训对创业活动的影响情况是： | 很不符合　　　非常符合 |
|---|---|
| D1 中小学教育鼓励创造性、自立和个人原创 | 1　2　3　4　5 |
| D2 中小学教育提供了充分的市场经济原理的指导 | 1　2　3　4　5 |
| D3 中小学教育充分关注创业和创办公司 | 1　2　3　4　5 |
| D4 高等院校为新成立的和成长型公司提供了良好而充分的准备 | 1　2　3　4　5 |
| D5 工商管理教育的普及发展为新成立的和成长型公司提供了良好而充分的准备 | 1　2　3　4　5 |
| D6 职业、专业和继续教育为创办企业和实现企业成长提供了良好而充分的准备 | 1　2　3　4　5 |
| E. 您认为：在广西，研究开发转移对创业活动的影响情况是： | 很不符合　　　非常符合 |
| E1 新技术、新科学和其他知识迅速从高校、公共研究机构向新成立的和成长型公司转移 | 1　2　3　4　5 |
| E2 新成立的和成长型公司拥有和大型、成熟公司同样的机会接触新技术、新研究 | 1　2　3　4　5 |
| E3 新成立的和成长型公司可以担负得起最新技术商业化所需的投入 | 1　2　3　4　5 |
| E4 政府提供给新成立的和成长型公司足够的资助用于获得新技术、参与新研究 | 1　2　3　4　5 |
| E5 科技基础至少在某一领域能够有效地为世界水平的新技术创业提供技术支持 | 1　2　3　4　5 |
| E6 工程师和科学工作者有能力支持新成立的和成长型公司进行研究成果的商业化 | 1　2　3　4　5 |
| E7 新成立的和成长型公司有能力独立完成科技成果的转化过程 | 1　2　3　4　5 |
| F. 您认为：在广西，商务环境对创业活动的影响情况是： | 很不符合　　　非常符合 |
| F1 有充分的分包商、供应商和咨询机构为新成立的和成长型公司提供帮助 | 1　2　3　4　5 |
| F2 新成立的和成长型公司可以负担起分包商、供应商和咨询机构的费用 | 1　2　3　4　5 |
| F3 新成立的和成长型公司容易找到好的转包商、供应商和咨询机构 | 1　2　3　4　5 |
| F4 新成立的和成长型公司容易得到好的、专业的法律和会计服务 | 1　2　3　4　5 |
| F5 新成立的和成长型公司容易得到好的银行服务（会计核准、汇总、信用证） | 1　2　3　4　5 |
| F6 工商注册登记过程简单、效率高 | 1　2　3　4　5 |

续表

| | | |
|---|---|---|
| G. 您认为:在广西,市场开放程度对创业活动的影响情况是: | 很不符合 | 非常符合 |
| G1 消费品和服务市场每年的变化很显著 | 1 2 3 4 5 | |
| G2 企业对企业(企业间)的产品和服务市场每年变化很大 | 1 2 3 4 5 | |
| G3 新成立的和成长型公司能够很容易地进入市场 | 1 2 3 4 5 | |
| G4 新成立的和成长型公司负担得起市场进入成本 | 1 2 3 4 5 | |
| G5 成熟公司没有设置不公平市场壁垒妨碍新成立和成长型公司进入 | 1 2 3 4 5 | |
| H. 您认为:在广西,有形基础设施对创业活动的影响情况是: | 很不符合 | 非常符合 |
| H1 基础设施为新成立的和成长型公司提供了良好支持 | 1 2 3 4 5 | |
| H2 新成立的和成长型公司可以比较低廉地获得通信服务 | 1 2 3 4 5 | |
| H3 新成立的和成长型公司可以的一周左右开通通信服务 | 1 2 3 4 5 | |
| H4 新成立的和成长型公司可以担负起水、电、气等基础服务费用 | 1 2 3 4 5 | |
| H5 新成立的和成长型公司可以在一个月左右获得水、电、气、排污等基础服务 | 1 2 3 4 5 | |
| I. 您认为:在广西,文化和社会规范对创业活动的影响情况是: | 很不符合 | 非常符合 |
| I1 广西文化非常鼓励个人通过个人努力获得成功 | 1 2 3 4 5 | |
| I2 广西文化提倡自立、自治和个人 | 1 2 3 4 5 | |
| I3 广西文化鼓励创业冒险,没有小富即安思想 | 1 2 3 4 5 | |
| I4 广西文化鼓励创造和创新 | 1 2 3 4 5 | |
| I5 广西文化强调个人(而非集体)管理自我人生的责任 | 1 2 3 4 5 | |
| J. 您认为:在广西,创业机会的存在情况是: | 很不符合 | 非常符合 |
| J1 有相当多创办新公司的好机会 | 1 2 3 4 5 | |
| J2 创办新公司的好机会多于人们所能够利用的 | 1 2 3 4 5 | |
| J3 创办公司的好机会在过去5年内大量增长 | 1 2 3 4 5 | |
| J4 个人可以很容易把握创业机会 | 1 2 3 4 5 | |
| J5 创办真正高成长公司的好机会相当多 | 1 2 3 4 5 | |
| K. 您认为:在广西,创业者能力的状况是: | 很不符合 | 非常符合 |
| K1 许多人知道如何创办及管理高成长型公司 | 1 2 3 4 5 | |
| K2 许多人知道如何管理一家小公司 | 1 2 3 4 5 | |
| K3 许多人有创办新公司的经验 | 1 2 3 4 5 | |
| K4 许多人能对创办新公司的好机会迅速做出反应 | 1 2 3 4 5 | |
| K5 许多人有能力组织创办新公司所需的资源 | 1 2 3 4 5 | |

附录　广西壮族自治区创业环境调查问卷

续表

| | 很不符合　　非常符合 |
|---|---|
| L. 您认为：在广西，创业者的创业动机的情况是： | ←—————————→ |
| L1 创业被视为一个致富的良好途径 | 1　2　3　4　5 |
| L2 大多数人将成为创业者作为一项他们希望的职业选择 | 1　2　3　4　5 |
| L3 成功的创业者享有较高的社会地位和威望 | 1　2　3　4　5 |
| L4 您能经常在公众媒体中看见成功创业的故事 | 1　2　3　4　5 |
| L5 大多数人认为创业者是有能力的和足智多谋的 | 1　2　3　4　5 |
| M. 您认为：在广西，对知识产权的保护情况是： | 很不符合　　非常符合<br>←—————————→ |
| M1 知识产权保护法是完备的 | 1　2　3　4　5 |
| M2 知识产权保护法的实施是有效的 | 1　2　3　4　5 |
| M3 非法销售盗版软件、音像制品和其他版权、商标权产品是不普遍的 | 1　2　3　4　5 |
| M4 新成立和成长型公司相信他们的专利、版权和商标是能得到尊重的 | 1　2　3　4　5 |
| M5 社会广泛认为发明者的发明权应得到尊重 | 1　2　3　4　5 |
| N. 您认为：在广西，对创业的支持情况是： | 很不符合　　非常符合<br>←—————————→ |
| N1 有许多专门针对高成长型公司创业活动的支持 | 1　2　3　4　5 |
| N2 政策制定者知道高成长型公司创业活动的重要性 | 1　2　3　4　5 |
| N3 为创业活动提供支持的人员有足够的技术和能力支持高成长型公司 | 1　2　3　4　5 |
| N4 潜在的高成长性常常作为支持创业对象的选择标准 | 1　2　3　4　5 |
| N5 支持企业快速成长是创业政策中最优先的目标 | 1　2　3　4　5 |

## 第二部分　开放式问题

O. 您认为，限制广西创业活动（包括个人创业和公司创业）最重要的三个因素是什么？请根据优先程度列出，并说明理由。

O1_____

O2_____

O3_____

P. 您认为，促进广西创业活动（包括个人创业和公司创业）最重要的三个因素是什么？请根据优先程度列出，并说明理由。

P1_____

P2_____

P3_____

Q.您认为，最需要在广西采取哪些行为增进创业活动（包括个人创业和公司创业）？请根据优先顺序列出您的三个建议。

Q1_____

Q2_____

Q3_____

## 第三部分　背景信息(专家部分)

为便于我们分析有关被调查专家的背景，请您回答以下问题。

1. 性别：男□　女□

2. 出生年份：_____。

3. 请标明您的受教育程度（请在所有适合的选项中作标记）。

职业技术培训□　大学教育□

专业教育□（如理科硕士、MBA、法学硕士、医学博士等）

研究教育□（如文科硕士、博士等）

4. 何年完成最近的学位教育_____。

5. 专业教育的主要内容（如工程、管理、法律、会计、公共管理、金融、经济等）：_____。

6. 目前工作职责或内容：_____。

7. 您在目前就职单位工作的年限共计：_____。

8. 您在目前职位的工作年限共计：_____。

9. 您在与创业相关的领域工作的年限共计：_____

10. 以下哪个领域的创业您比较熟悉（请标出所有符合的选项）？

技术密集型□　市际化外向型□　中低档技术□　制造□　服务业□

高成长型□ 低成长型□ 市内发展型□ 城市□ 农村□ 其他□

11. 以下描述您比较擅长哪个?

创业□ 投资者、金融家、银行家□

政策制定者□ 商业及支持性服务提供商□ 其他□

## 第三部分　背景信息(企业家部分)

为便于我们分析有关被调查企业的背景，如果您是被调查企业的负责人，请您回答以下问题。

1. 公司创建至今有多少年?＿＿＿年。

2. 创始人数量为＿＿人。

3. 核心创始人创业时的年龄为＿＿岁。

4. 所属行业为＿＿＿＿＿＿。

5. 创业团队成员间的主要关系（如老乡、同学、同事、朋友、志理相投的陌生人）：＿＿＿＿＿。

6. 本企业是创业者的第几次创业?第＿＿次。

7. 核心创始人的受教育程度（如小学、中学、大学、研究生以上）：＿＿＿。

8. 核心创始人创业时的状况（如学校毕业、下岗职工、外企雇员、国企雇员、外出务工、政府官员、教师、运动员等）：＿＿＿＿＿＿。

9. 核心创始人的性别为＿＿＿＿＿。

10. 企业目前的年销售收入为＿＿＿＿＿＿＿万元。

11. 企业目前的员工数量为＿＿＿＿人。

再次感谢您的大力支持与合作，祝您工作顺利愉快!

# 后　　记

本书是在我的博士论文基础上修改完善而成的。时光飞逝、岁月如梭，自博士阶段我开始学习和研究政府管理，尤其是民族地区公共治理。创业是近年来我国社会极富活力的时代热词，我在广西大学也开设了创业相关的全校选修课程，希望能将自身的一些研究和学习体会献给那些正值青春的热血青年。

感谢我的博士恩师荣仕星教授！在当初论文选题、广西调研到论文定稿的两年时间里，荣教授给予了耐心的指导和关心。感谢我们尊敬的院长李俊清教授，他认真负责地给予我深刻而细致的指导，遇到写作难题时，是他不断鼓励我给予了我能量。他的学识和治学精神令人敬佩，是我今后努力学习的榜样！

感谢广西大学叶绍明院长和黄爱莲教授、广西财经学院蔡幸院长、广西医科大学杨晓波书记、广西人社厅黄智宇主任和赵国安同志、团区委黄龙坚部长、崇州市冯波副市长、河池市唐标文常务副市长、我的师兄石正义，他们在论文调研期间给予了我极大支持与大力帮助。因为本课题研究调研对象较为广泛、层次比较高、涉及的部门也相当多、难度很大，他们都不辞劳苦，积极帮我联系相关专家，没有他们的帮助我的调研就不可能完成。再次对他们的帮助表示衷心的感谢！

感谢我的家人。感谢我父母的养育之恩，感谢家人在我背后的默默支持，是他们的无私付出，在生活上给我关照，解决了我的后顾之忧，让我专心致志撰写、修改本书。

感谢知识产权出版社的李小娟编辑，在本书编写中提出了许多宝贵的意见。

最后，衷心感谢并把最美好的祝福送给每个曾经给予我帮助的老师和亲朋好友！

2018年12月16日